행복의 품격

인생의 좋은 답을 찾아가는
아홉 번의 심리학 강의

행복의 품격

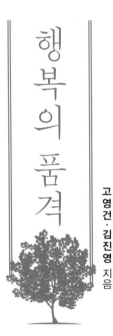

고영건 · 김진영 지음

한국경제신문

———

묘한 책이다. 책을 읽으면서 기분이 나빠졌다, 다시 좋아졌다를 반복한
다. 책의 곳곳에 있는 행복의 기준과 자기진단을 통해 내가 얼마나 행
복하지 않은지, 행복에 대해서 잘못 알고 있는지를 깨닫는다. 그 뒤에는
바로 그런 나에게 무엇을 해야 하는지를 알려준다. 완전히 병 주고 약
주는 책이다. 근데 그 약도 쓰다. 행복이 그렇게 쉬울 리가 없지 않나.
쓴 만큼 효과는 확실할 거다. 당신의 행복 결핍에 진짜 전문가의 제대
로 된 처방이 필요하다면…바로 이 책!

허태균 | 고려대학교 심리학과 교수, 《어쩌다 한국인》의 저자

———

행복을 논하는 사람은 많다. 심리학자들도 예외가 아니다. 지극히 추상
적이고 관념적인 행복론에서부터 동물과 인간의 동질성에 기초한 생물
학적 행복관까지. 행복에 관한 수많은 이야기들에도 불구하고 아직 무
언가 하나 빠져 있다는 느낌을 지울 수가 없었다. 그것이 바로 '품격'이
다. 행복한 사람들을 보면서 느꼈던 진실함과 아름다움의 격이 도대체
무엇에 기인하는가를 이야기하는 《행복의 품격》은 행복의 주인공이면서
지금 이 순간에도 점점 더 나이 들어가는 우리 어른들에게 무엇보다도

필요한 이야기다. 더욱 놀라운 것은 그 이야기를 과학적으로 훌륭하게 해냈다는 점이다. 하수가 자기보다 고수의 작품에 어찌 감히 추천한다는 말을 하겠는가. 그저 이런 좋은 글을 읽을 수 있게 해줘서 감사하다는 마음을 머리 숙여 전한다.

김경일 | 아주대학교 심리학과 교수, 《지혜의 심리학》의 저자

———

영화 〈레옹〉에서 "어른이 되어도 사는 게 여전히 힘든가요?"라는 마틸다의 질문에 레옹이 여전히 힘들다고 답합니다. 이처럼 어른이 되어서도 여전히 힘든 인생이지만, 즐거움과 행복이 자라기에 '제격(格)'인 《행복의 품격(格)》이란 삶의 지혜 안에서 '조금씩, 꾸준하게' 행복해지시길 바랍니다.

정민식 | tvN 〈어쩌다 어른〉 PD

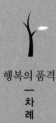

행복의 품격

― 차
례 ―

정답 없는 인생의 좋은 답

"인간은 기품이 있어야 한다.
이것만이 우리가 알고 있는 모든 것과 인간을 구별한다."[1]

— 괴테(Johann Wolfgang von Goethe)

인생은 오직 한 번뿐이다. 그래서 누구나 '완벽한 답'을 찾고 싶어 한다. 한 번뿐인 인생을 '답 없이' 살 수는 없기 때문이다. 그렇다고 한들 이러한 광범위한 삶의 문제에서 완벽한 답을 찾을 수 있을 리 없다. 경우의 수는 너무나 다양하고, 우리에게 주어진 시간은 한정적이기 때문이다. 그 대신 좋은 방향은 있다. 바로 행복한 삶이다.

물론, 행복을 추구한다고 해서 모두에게 대등한 가치를 갖는 결과가 보장되는 것은 아니다. 그렇기에 행복에도 품격(品格)이 필요하다. 품격이란 본디 타고난 바탕과 성품에서 느껴지는 품위를 말한다. 그 중에서도 '격(格)'이란 글자는 작물이 잘 자랄 수 있도록 나무에 버팀대를 세워준 것에서 유래했다.[2] 바로 이 품격이란 것이 어떠한가에 따라 삶에서 행복의 나무는 올곧게 자라 거목이 되기도 하고 기울어 쓰러져 고사(枯死)하기도 한다.

그렇다면 품격 있는 행복이란 무엇일까? 품격 있는 행복은 세속적인 행복과는 다르다. 따라서 먼저 '세속적인 행복'과 '품격 있는 행복'을 구분할 줄 아는 지혜가 필요하다. 이 둘을 구분하는 기준은 행복을 위한 나의 노력이 사회적으로 소중한 가치를 포함하고 있는지의 여부다.

전통적으로 인류는 '진선미(眞善美)'의 가치를 추구해왔다.[3] 하지만 우리에게는 세속적인 가치도 존재한다. 세속적인 가치는 사람들이 갖기를 원하는 인기, 재력, 권력 등을 말한다. 이러한 세속적인 가치는 늘 전통적인 가치와 함께해왔다. 세속적인 행복은 세속적인 가치를 추구함으로써 경험하는 쾌락과 만족감을 말한다. 어떤 사람들은 인생에서 쾌락과 만족감을 얻을 수 있다면 그것으로 충분하다고 말하기도 한다. 그러나 그것은 단기적인 관점에 불과하다. 세속적인 가치는 몰두할수록, 목마른 사람이 바닷물을 마시듯 더 큰 갈증을 유발한다.

이에 비해, 품격 있는 행복은 우리에게 '참(眞)이고 참(善)되며 참(美)한 기쁨'을 제공한다. 세속적인 행복과 품격 있는 행복을 구분하기 위해서는 '참'의 가치를 구분할 수 있는 안목이 필요하다. 다시 말해 행복을 품격 있게 추구하기 위해서는 참과 거짓, 선한 것과 악한 것, 그리고 아름다움과 추함을 지혜롭게 구분할 수 있는 소양을 갖춰야 한다. 품격 있는 행복을 추구하기 위한 세 가지 조건을 살펴보면 다음과 같다.

품격 있는 행복을 위한 세 가지 조건

첫째, 인생의 모든 문제가 그러하듯 행복의 문제도 진실성이 중요하다. 현재 우리 사회에서는 행복과 관련해 춘추전국시대의 '백가쟁명(百家爭鳴)'을 방불케 할 정도로 다양한 주장들이 넘쳐나고 있다. 따라서 행복을 품격 있게 추구하기 위해서는 진위를 가릴 줄 아는 안목이 필요하다. 천재물리학자 리처드 파인만(Richard Feynman)은 오늘날 우리가 과학 지식이라고 부르는 것은 "확실성의 정도가 천차만별인 진술의 덩어리"[4]라고 말했다. 이런 관점에서 우리는 확실하다고 믿고 있는 행복에 관한 상식들을 합리적으로 의심해봄으로써 그것을 지혜롭게 구분하는 안목을 얻을 수 있다.

둘째, 행복해지기 위해 선택한 방법이 선한 것이어야 한다. 아일랜드의 작가 오스카 와일드(Oscar Wilde)는 "어떤 이들은 그들이 가는 곳마다 행복을 만들어내고, 어떤 이들은 그들이 떠날 때마다 행복을 만들어낸다"[5]고 말했다. 그 말에 담긴 의미를 떠올린다면 행복해지기 위해 노력하는 것만이 아니라, 행복을 선한 방식으로 추구하는 것 또한 중요하다는 것을 알 수 있다.

셋째, 행복한 삶은 아름다운 삶을 뜻한다. 중요한 것은 지금 우리가 예술작품의 아름다움이 아니라, '인생의 아름다움'에 대해 이야기하고 있다는 점이다. 중국의 미학자 주광첸(朱光潛)은 인생은 그 자체로 하나의 예술작품에 비견될만하다고 말했다. 그래서 예술품과 마찬가지로 인생도 그것을 바라볼 수 있는 안목을 갖고 있을 때만 음미할 수 있다. 실제 인간의 삶을 80년 이상 추적 조사했던 하버드대학의 성인발달연구 책임자인 조지 베일런트 (Geoge E. Vaillant)는 인간의 삶을 다음의 네 줄로 요약했다.

"과학의 대상으로 삼기에는 너무나도 인간적인,

숫자로 표현하기에는 너무나도 아름다운,

· 정신과 진단을 내리기에는 너무나도 가슴 아픈,

책으로 묶기에는 그 자체로 영원불멸한…"[6]

이렇듯 인생의 아름다움이란 삶 속에 내재한 아픔과 슬픔을 조금씩 그러나 꾸준히 치유해나갈 때 자연스럽게 배어나오는 것이다. 그렇기에 행복한 삶을 위해 우리의 삶에 내재한 아픔을 '우아하게 수락할 줄 아는 지혜'가 필요하다.

이 책의 목적은 정답 없는 인생을 품위 있고 행복하게 살아갈 수 있는 심리학적인 기술을 소개하는 것이다. 이러한 기술은 마음먹기만 하면 누구든 쉽게 배울 수 있고, 즉각적으로 우리 삶에 활용할 수 있다.

이미 세상에는 행복에 관한 책들이 범람하고 있기에, 이 책이 다른 책들과 어떻게 다른지를 소개할 필요가 있을 것 같다. 기본적으로 이 책은 다음의 세 가지 점에서 행복에 관한 기존의 책들과는 차이가 있다.

첫째, 승화된 긍정성을 다룬다

이 책은 삶에 대한 주관적인 만족감에서 오는 행복만이 아니라 '아픔을 지혜롭게 극복해낼 때 찾아오는 기쁨'으로서의 행복을 함께 다룬다. 영국의 대문호 윌리엄 셰익스피어(William Shakespeare)의 작품 《헨리 4세》에서는 "왕관을 쓰려는 자는 그 무게를 견뎌야 한다"[7]라는 말이 나온다. 이 말은 우리가 삶에서 직면하게 되는 문제 상황을 상징적으로 잘 보여준다. 이렇듯 인간의 삶에서 기품은 고난과 어려움을 우아하게 견뎌낼 때 비로소 드러난다.

따라서 이 책에서는 미화되거나 비현실적인 긍정성이 아니라

'승화된 긍정성'을 주요하게 다룬다. 미화된 긍정성은 사실이 아닌 것을 과대포장하거나 왜곡한다. 또 비현실적인 긍정성은 불가능한 것이 마치 가능한 것처럼 우리를 현혹한다. 이와는 대조적으로 승화된 긍정성은 인간의 강점과 약점 그리고 미덕과 악덕이 통합된 긍정성을 말한다. 신영복 시인은 이를 "밤이 깊을수록 별은 더욱 빛난다"[8]고 표현했다. 이러한 믿음은 어두운 밤길을 걸어가는 사람에게 따뜻한 위로를 선사할 것이다.

승화된 긍정성을 실천하기 위해서는 두 가지 선결요건이 필요하다. 첫째, 희망을 간직할 줄 알아야 한다. 우리는 어두운 밤이 '어제와 오늘 사이'에 있는 것임을 믿을 수 있어야 한다. 둘째, 중국 명나라 초기의 유학자 방효유(方孝孺)가 지적한 것처럼, "겨울이 추우면 만 배 더 자신을 사랑해야 한다."[9] 오직 자신을 사랑할 줄 아는 사람만이 아픔을 지혜롭게 극복할 때 찾아오는 기쁨으로서의 행복을 경험할 수 있다.

물론, 행복을 품위 있게 추구한다고 해서 만사형통인 것은 아니다. 누구에게나 인생은 '최고의 시간인 동시에 최악의 시간'[10]일 수 있기 때문이다. 무릇 바다를 항해하는 사람은 매서운 바람과 거친 파도를 맞닥뜨리기 마련이다. 하지만 다행인 것은 바람과 파도는 항상 가장 유능한 항해자의 편이 된다는 것이다.

행복한 삶을 위해서는 삶에 주관적으로 만족하는 것만으로는 충분하지 않다. 예를 들어, 365일 내내 자신의 삶에 100% 만족한 다고 말하는 사람이 있다고 가정해보자. 과연, 어떤 사람일까? 아마도 조증 환자가 그 예가 될 수 있을 것이다. 일반적으로 조증 환자들은 자신의 삶에 전적으로 만족한다고 말하지만, 이것은 내면의 고통을 주관적인 만족감으로 대신 표현하는 것뿐이다. 이들이 자신의 삶에 만족한다고 말할수록 실제로는 그만큼 고통스러운 상태에 있는 것이다.

그러므로 행복한 삶을 위해서는 삶 속에 내재한 슬픔을 '우아하게 수락할 줄 아는 지혜'가 필요하다. 행복을 기품 있게 추구하는 사람과 그렇지 않은 사람의 중요한 차이가 바로 여기에 있다.

둘째, 아는 것에서 벗어나 느낄 수 있는 행복에 집중한다

—

이 책은 행복에 대한 지식이 아니라 행복의 기술을 알려주고 있다. 행복에 대해 '아는 것'과 행복을 '느끼는 것'은 분명히 다르다. 단적으로 표현하자면, 불행한 사람도 행복에 대해 아는 것은 가능하다. 하지만 행복을 느낄 줄 아는 사람이 불행한 삶을 사는 것은 불가능하다.

행복에 대한 심리학 책은 두 종류가 있다. 하나는 기초심리학에 바탕을 둔 이론서다. 나머지 하나는 응용심리학에 기초한 실용서다. 기초심리학은 우리가 행복에 대해 잘 알 수 있도록 돕는다. 행복의 속성을 모르면서 행복해질 수는 없으므로 기초심리학의 역할은 중요하다. 하지만 기초심리학 책은 이론서라 정작 일반인들이 필요로 하는 실용적인 정보를 제공하는 데는 한계가 있다. 그래서 아이러니하게도 행복에 대한 기초심리학 책을 읽더라도, 정작 행복해지는 데 실제로 필요한 기술을 얻기란 매우 어렵다.

이 책은 응용심리학에 기초한 실용서다. 기본적으로 응용심리학은 우리가 실생활에서 행복을 더 잘 느끼고 경험할 수 있도록 돕는다. 특히, 이 책은 행복의 기술 중에서도 '암묵적인(Tacit)' 지식과 기술에 초점을 맞춘다.

예전에 화제가 되었던 광고 중에 '보는 것이 힘이다'라는 시리즈가 있다. 그 중 '요리를 글로 배웠습니다' 편은 요리에 서툰 아내가 레시피를 보며 요리하다가 수저로 계량할 때의 암묵적인 단위인 '한 큰술'을 말 그대로 '큰 술'로 착각해 벌어지는 에피소드를 담았다. 결국, '커다란 술 한 병'이 모두 들어간 요리를 한입 맛본 남편은 식탁 위로 쓰러진다. 유머러스하게 표현하기는 했지만 이 광고는 암묵적인 지식과 기술의 중요성을 잘 보여주고 있다.

이처럼 행복의 기술은 암묵적인 특성을 지니고 있기 때문에 마치 무지개 같은 인상을 준다. 무지개는 늘 눈에 띄는 것이 아니다. 또 잠시 나타났다가도 순식간에 사라지기도 한다. 그래서 무지개를 한 번도 본 적이 없는 사람에게 무지개가 실제로 존재한다는 사실을 설득하기란 결코 쉽지 않다.

하지만 무지개는 보이지 않는 영혼과는 다르다. 적절히 초점을 맞추기만 하면, 누구든지 직접 눈으로 무지개를 확인할 수 있다. 행복의 기술도 마찬가지다. 그러므로 행복의 기술을 다룰 때는 눈으로 직접 확인 가능한 사례를 통해 익히는 것이 중요하다. 이런 점을 고려해 이 책에서는 마음먹기만 하면 누구든지 인터넷 검색 등을 통해 직접 눈으로 확인 가능한 사례를 중심으로 행복의 기술을 소개한다.

이 책에서 소개하는 행복과 관계된 지식과 기술은 '멘탈 휘트니스(Mental Fitness)' 프로그램에 근거한다. 멘탈 휘트니스 프로그램은 암묵적인 지식과 기술에 초점을 맞춘다는 점에서 다른 행복 프로그램들과는 다르다. 지금까지 멘탈 휘트니스 프로그램은 우리가 개발자로 참여한 〈삼성-멘탈 휘트니스 CEO 프로그램〉을 비롯해, 목적에 따라 다양한 형태로 활용되어왔다. 연구 결과, 멘탈 휘트니스 프로그램은 정신과 환자, 아동 및 청소년, 대학생, 노인, 군 장병 등 다양한 집단의 행복도를 증진시킬 수 있는 것으로 나타났다.[11]

셋째, 하버드대학의 성인발달연구에 기초한 인생사용법에 근거한다

이 책은 '하버드대학의 성인발달연구 결과에 기초한 인생사용법'을 구체적으로 제시한다. 심리학이 세상 사람들에게 줄 수 있는 좋은 선물 중 하나는 '인생사용법'을 알려준다는 것이다. 사실, 이것은 사람들이 가장 알고 싶어 하는 것이기도 하다. 왜냐하면 앞서 말했듯 인생에는 리바이벌이 없기 때문이다.

하버드대학의 연구진은 전 생애에 걸친 인생 사례연구를 위해 1937년부터 하버드 재학생 268명을 선발해 그들의 전 생애를 80년 이상 추적 조사했다.[12] 또 나중에 연구진은 지적으로 우수한 남학생이라는 하버드 재학생 표본의 한계를 보완하기 위해, 영재 여성 90명과 도심 지역의 불우한 청소년 456명도 추적 조사해 연구 결과를 보완했다.

지난 80년간 하버드대학 성인발달연구와 관련해 정말 많은 일들이 있었다. 우선, 연구책임자가 세 번이나 교체되었다. 그리고 이제 연구참여자들은 거의 세상을 떠났고 남아 있는 사람들도 모두 90대 이상의 나이가 되었다. 또 수만 페이지에 달하는 엄청난 분량의 연구기록물들이 축적되었다. 네 번째 연구책임자인 로버트 월딩거(Robert Waldinger) 교수에 따르면,[13] 현재 연구진은 2,000명이 넘는 연구참여자 자녀들의 삶을 추적 조사하는 작업에 착수했다.

하버드대학의 성인발달연구는 우리에게 인생의 정답은 아닐지라도, 적어도 좋은 방향을 제시해줄 수 있다. 하버드대학의 성인발달연구가 보여주는 가장 흥미로운 결과 중 하나는 바로 '심리적 동화(Psychological Assimilation)와 행복의 관계'다. 심리적 동화는 우리가 사랑하는 사람들을 마음속에 담아내는 과정을 말한다.[14] 우리가 외부의 누군가를 물리적으로는 담아내는 것은 불가능하지만 심리적으로는 가능하다. 바로 '정신적인 표상'을 통해 마음속으로 누군가를 떠올리는 것이 가능하기 때문이다.

심리적 동화의 대표적인 예로 어머니가 자녀를 마음속으로 담아내는 과정을 들 수 있다. 그룹 지오디(god)가 발표한 〈어머님께〉라는 노래에는 다음과 같은 가사가 나온다. "숨겨두신 비상금으로 시켜주신 자장면 하나에 너무나 행복했었어. 하지만 어머님은 왠지 드시질 않았어. 어머님은 자장면이 싫다고 하셨어."[15] 이 노래 가사는 심리적 동화가 무엇인지 상징적으로 잘 보여준다. 하버드대학의 성인발달연구는 행복과 심리적 동화가 불가분의 관계라는 점을 분명하게 보여준다.

지금까지 행복에 관한 책들이 봇물처럼 쏟아져나오는 상황에서 이 책이 다른 책들과 다른 점을 소개했다. 어쩌면 이러한 해명에도 불구하고 여전히 이 책과 다른 책들의 차이에 대해 미심쩍어하는 독자가 있을지도 모르겠다. 그렇다면, 남은 길은 하나뿐이다. 뒤이어 나오는 이야기들을 읽으면서 직접 체험해보는 것이다.

행복이라는 인생의 위대한 모험

실제 인간의 역사에서 '지상천국(地上天國)'이나 '유토피아(Utopia)'가 존재한 적은 없었다. 그래서 역사적으로 인간의 삶은 언제나 힘겨운 것이었고, 늘 인간의 삶에서 위대한 모험 중 하나는 바로 행복한 삶을 사는 것이었다.

이 책은 행복이라는 인생의 위대한 모험에 도전하는 사람들을 돕기 위해 집필되었다. 저자로서, 그리고 이 주제를 오래도록 연구해온 심리학자로서, 사람들이 심리학에 가까워질수록 행복에도 가까워질 수 있다는 믿음을 가지고 있다. 이 책을 통해 조금씩 그러나 꾸준히, 독자들이 행복한 삶에 가까이 다가갈 수 있기를 바란다. 그래서 궁극적으로 독자들이 인생의 가장 위대한 모험 중 하나인 행복한 삶을 사는 데 조금이나마 도움이 되기를 바란다.

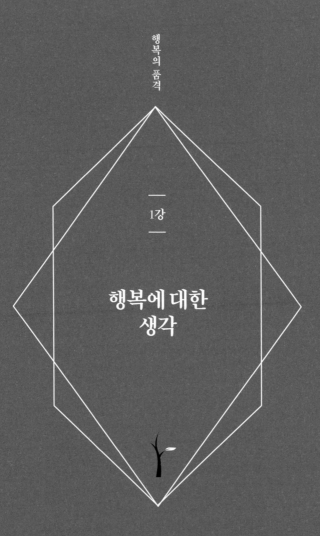

행복의 품격

1강

행복에 대한
생각

오귀스트 로댕(Auguste Rodin)의 〈생각하는 사람〉은 세계에서 가장 유명한 조각품 중 하나다. 그런데 사진 속 로댕의 작품을 감상하다 보면 어딘지 이상한 점이 있다는 것을 깨닫게 된다. 모르겠다면 지금 사진을 보며 〈생각하는 사람〉과 똑같은 포즈를 취해보라. 이 자세를 취하는 것이 매우 어렵다는 점을 금방 알게 될 것이다. 왜냐하면 〈생각하는 사람〉은 오른손을 턱에 괴는 동시에 오른팔의 팔꿈치를 왼쪽 무릎 위에 얹고 있기 때문이다.

로댕의 〈생각하는 사람〉은 과연 무슨 생각을 하고 있는 것일까? 〈생각하는 사람〉은 로댕이 이탈리아의 시인 단테 알리기에리(Dante Alighieri)의 《신곡》에서 영감을 받아 제작한 작품이다. 사실, 〈생각하는 사람〉은 〈지옥의 문〉이라는 대작의 일부로, 지옥의 문 앞에서 온갖 고통으로 신음하는 사람들을 내려다보면서 생각에 잠긴 단테의 모습을 형상화한 것이다.

단테의 《신곡》에 나오는 지옥의 문에는 무시무시한 경고문이 있다. "여기 들어오는 너희들은 모든 희망을 버릴지어다."[1] 그런 면에서 바라보면 로댕의 〈생각하는 사람〉은 지옥의 문을 향하는 불행한 사람들을 바라보면서, 인간이 행복한 삶을 살 수 있는 방법을 고민하고 있는 것처럼 보이기도 한다.

로댕의 〈생각하는 사람〉

로댕 자신도 평생 행복의 문제에 관해 고민했던 것으로 보인다. 1880년에 〈지옥의 문〉 제작에 착수한 이래 무려 37년간 그 작업에 매달렸음에도 1917년에 사망할 때까지 끝끝내 이 대작을 완성하지 못했다. 이러한 에피소드는 행복한 삶의 문제에 의미 있는 해답을 얻는 것이 결코 쉬운 일이 아니라는 점을 잘 보여준다.

생각에 대한 생각, 메타인지

사실, 대부분의 사람들은 행복한 삶을 원하면서도 정작 행복의 문제에 대해서는 깊이 고민하지 않는다. 로댕의 〈생각하는 사람〉이 오랜 세월 꼭 봐야 하는 전시물로 손꼽혀온 것은 그때나 지금이나 삶에서 숙고하는 것이 중요한 동시에 어렵기 때문일 것이다.

실존주의 철학자 장 폴 사르트르(Jean Paul Sartre)는 삶과 인생에 관한 수많은 명언을 남겼다. 그 중 아래의 말은 앞으로 논의할 '메타인지(Meta-cognition)'와 관련해 주의 깊게 볼만하다. "인생은 B와 D 사이의 C다."[2] 출생(Birth)과 죽음(Death) 사이에 어떤 선택(Choice)을 하느냐에 따라 삶의 향방이 달라진다는 것이다. 메타인지란 '생각에 대한 생각'으로 자신의 생각을 스스로 점검하는 능력을 말한다. 일반적으로 우리가 무엇인가를 선택할 때 '메타인지'가 결정적인 역할을 한다.[3] 따라서 행복메타인지는 행복에 관한 자신의 생각을 스스로 관리하는 능력이라고 할 수 있다.

기본적으로 메타인지는 선택 과정에 관여하는 '안다는 느낌(Feeling of knowing)'과 밀접한 관계가 있다. 심리학자 알프레드 아들러(Alfred Adler)는 이에 대해 "인간은 이해하는 것보다 아는 것이 더 많다"[4]라고 표현했다. 하지만 사람들은 뇌 속에서 일어나는 일들 중 많은 부분을 의식하지 못한다. 그렇기 때문에 때때로 이러한 안다는 느낌이 우리를 함정에 빠트리기도 한다. 삶에서 우리를 곤경에 빠트리는 안다는 느낌을 직접 체험해보고 싶다면 다음의 질문에 답해보라.

운전 중 자동차 위치를 한 차선 옆으로 변경하는 과제에 대해서 떠올려보자. 당신이 운전자라면 이러한 목표를 달성하기 위해 핸들을 어떻게 조작하겠는가? 먼저 눈을 감고 자신이 차를 운전하는 모습을 상상하면서 차선 변경을 위해 핸들 조작을 시도해본다. 만약 지금 이 문제에 대한 답을 안다고 느꼈다면, 문제가 쉽다고 속단하지 말고 실제로 직접 답해본 후 다음의 설명을 끝까지 읽어보기 바란다.

대부분의 사람들은 먼저 핸들을 잠시 오른쪽으로 꺾었다가 다시 제자리로 돌아오도록 한다고 대답한다.[5] 하지만 만약 운전자가 실제로 핸들을 그렇게 조작하면, 자동차는 도로를 벗어나 인도를 향하게 될 것이다. 이 이야기가 믿기지 않으면, 한번 직접 안전한 장소에 가서 실험해보라! 차선을 오른쪽으로 변경하는 정확한 조작법은 먼저 핸들을 오른쪽으로 꺾은 다음 다시 중앙 쪽으로 돌렸다가 왼쪽으로 그만큼 꺾은 후 다시 한번 더 중앙으로 오도록 하는 것이다.

자동차 방향 전환 문제의 경우 대부분 '지식착각'에 해당되는 답변을 한다. 지식착각이란 사람들이 실제로는 잘 모르면서도 자신이 잘 안다는 느낌을 갖게 되는 것을 말한다. 이러한 지식착각은 다양한 형태로 나타난다.

'테크노버블(Technobabble)'이라는 말이 있다. 컴퓨터를 비롯해 최신 과학 용어를 사용해 설명하면, 사람들이 논리적으로 결함이 있는 경우에도 그렇지 않은 때에 비해 더 신뢰할만하다고 평가하는 것을 말한다.[6] 전문 과학 용어로 치장된 설명을 들으면, 난해한 전문 용어가 더 많은 정보를 제공하는 것 같은 인상을 받아, 그 사안에 대해 더 잘 알게 되었다고 생각한다는 것이다. 그러나 단지 안다는 느낌을 경험하는 것일 뿐, 실제로 테스트해보면 그것이 곧 지식착각에 불과하다는 것을 알게 된다.

이러한 현상은 행복의 영역에서도 일어난다. 일명 '해피버블 (Happy-babble)'이 그 좋은 예다. 사람들은 행복이라는 단어의 사전적 의미를 잘 알고 있다. 바로 이러한 친숙함 때문에 행복에 대해서 자신이 실제보다 더 많이 알고 있다는 착각에 빠진다. 이처럼 해피 버블에 사로잡힌 사람들은 행복에 대해서 이미 충분히 알고 있다고 생각하기 때문에 행복에 대해 알려는 노력을 기울이지 않는다.

2007년 세계 금융 위기를 다룬 영화 〈빅쇼트(The Big Short)〉의 도입부에는 마크 트웨인(Mark Twain)의 명언이 나온다. "곤경에 빠지는 것은 뭔가를 몰라서가 아니다. 뭔가를 확실히 안다는 착각 때문이다."[7]

행복에 대해 잘 알고 있다는 착각

———

행복의 경우도 마찬가지다. 행복의 문제에서도 '무지'보다는 '잘 알고 있다는 착각'이 더 큰 걸림돌이 된다. 대부분의 사람들이 자신의 잠재력만큼 그리고 원하는 만큼 행복을 얻지 못하는 이유는 행복에 대해 스스로 잘 안다고 착각하기 때문이다. 이러한 맥락에서 어떻게 행복을 얻을 것인가를 논하기에 앞서 자신의 행복에 대한 생각, 즉 '행복메타인지'를 점검해볼 필요가 있다.

행복의 기술은 어떤 면에서는 항해술과 유사하다. 항로, 방법, 위치 파악. 보통 항해술에서는 이 세 가지를 중요한 요소로 꼽는데, 항로란 배의 방향을 올바르게 정하는 것이고, 방법이란 실제로 정해진 항로를 따라가도록 만드는 것을 뜻한다. 마지막으로 위치 파악이란 항해 동안 길을 잃어 엉뚱한 곳에 도착하지 않도록 현재 위치를 정확하게 파악하는 것을 말한다.

행복메타인지를 모니터링하는 작업 역시 세 가지로 구분할 수 있다. 하나는 행복한 삶을 위해 항로를 정하는 '방향'에 관한 것이고, 또 하나는 그 항로를 따라 실제로 순항할 수 있도록 하는 '방법'에 관한 것이다. 마지막으로 끊임없이 행복한 삶을 기준으로 '내 모습'을 점검하는 것이다.

먼저 행복한 삶을 위한 방향, 즉 항로를 설정하는 문제부터 살펴보자. 뒤에 나오는 '세 가지 행복 소망 사고 실험'은 내 삶이 실제로 행복한 방향으로 나아가고 있는지 점검해볼 기회를 제공한다.

세 가지 소망의 사고 실험
—

살면서 누구나 한 번쯤 "_____만 이뤄지면 소원이 없겠네"라는 생각을 하거나 그런 생각을 입 밖에 낸 적이 있을 것이다. 구체적으로 빈칸에 들어가는 내용은 각자 다를지라도, 그 소원이 이뤄지기만 한다면 당장에라도 행복해질 것처럼 여긴다.

하지만 행복한 삶을 위해서는 꿈이 실현된다는 보장이 주어지는 것만으로는 부족하다. 먼저 무엇을 소망해야 하는지를 제대로 알고 있어야 한다. 대부분의 사람들은 자신이 행복해지기 위해서 무엇이 필요한지 잘 알고 있다고 생각하지만, 그러한 '잘 알고 있다는 착각'은 언제든 우리를 함정에 빠뜨릴 수 있다.

1992년 《천일야화》로 알려진 이슬람 설화 중 '알라딘과 이상한 램프'를 모티브로 제작된 월트디즈니 사의 애니메이션 〈알라딘 (Aladdin)〉[8]에는 지니(Genie)라는 램프의 요정이 등장한다. 지니는 마법의 램프를 소유한 사람을 주인으로 섬기고 주인의 명령 외에는 그 어떤 일도 할 수 없다. 그러나 동시에 주인의 소원이라면 마법으로 무엇이든 해낼 수 있는 능력을 갖고 있기도 하다.

지금부터 알라딘의 요술 램프 이야기를 바탕으로 행복한 삶을 위한 '사고 실험'을 해보자. 먼저, 요술 램프가 내 수중에 있다고 가정한다. 그리고 내 삶이 지금보다 조금 더 행복해지는 데 결정적인 역할을 할 수 있는 세 가지 소망을 다음의 표에 기록한다.

이때 반드시 심사숙고해 세 가지 소망을 모두 적어야 한다. 그리고 순서는 소망의 중요도를 기준으로 적는다. 소망을 적을 때는 현재 상황에 잘 들어맞도록 구체적으로 표현하는 것이 중요하다. 예를 들어 막연하게 '잘 사는 것' 또는 '멋지게 사는 것'이라고 적기보다는 그러한 삶에 도달하기 위해 필요한 조건이 무엇인지를 구체적으로 적는 것이 좋다.

〈표1〉 행복한 삶을 위한 세 가지 소망

소망	내용
1	
2	
3	

일단 세 가지 소망을 기록했다면, 행복메타인지를 점검해보기 위해 조금 더 엄격한 조건 아래서 동일한 과제를 한 번 더 수행해보자. 앞에서는 특별한 조건을 두지 않은 상태에서 소망을 말했지만, 이번에는 다음의 세 가지 조건에 맞춰 한 번 더 세 가지 소망을 말해보는 것이다. 만약 〈표1〉에 기록한 소망들이 아래의 세 가지 조건 중 어느 하나라도 부합되지 않는다면 다른 소망으로 교체한다.

첫째, 다른 사람이 아닌 나 자신을 위한 것이어야 한다. 즉, 모든 소망은 다른 사람을 이롭게 하는 것이 아니라, 나 자신에게 직접 혜택이 주어지는 것이어야 한다. 예컨대, 지니는 나의 가족을 비롯해 다른 사람들을 부자 또는 건강한 사람으로 만들어달라는 소망은 들어주지 않는다. 그 대신 나 자신을 그렇게 만들어달라는 소망은 무엇이든지 들어준다.

둘째, 현실적으로 실현 가능한 일만 이뤄질 수 있다. 지니는 지혜로운 노력을 통해 실제 달성할 수 있는 일이라면 무엇이든지 이뤄줄 수 있지만, 불로장생처럼 인간의 물리적·생체적 한계를 벗어난 일 역시 이뤄주지 않는다. 대신 지니는 지금보다 더 매력적인 외모를 갖고 싶어 하거나 어떤 분야에서든 뛰어난 전문가가 되고 싶어 하는 소망은 들어줄 수 있다.

셋째, 소망이 이뤄지면 그것만으로도 내 삶이 지금보다 조금 더 행복해지는 것이 보장되는 동시에 실제로 내가 행복감을 직접 경험할 수 있는 것이어야 한다. 다시 말해, 단순히 이뤄지기를 간절히 바라는 것뿐만 아니라 나의 행복과 직결된 소망을 말하는 것이 중요하다. 예를 들어, 불치병 환자가 '고통 없이 죽는 것'을 소망으로 말했다고 가정해보자. 이 경우 실제로 그러한 소망이 이뤄지더라도 정작 당사자가 살아있을 때보다 사후에 더 행복해졌다고 말하기 어려울 뿐 아니라 행복감을 직접 경험하는 것도 불가능하다. 따라서 〈표1〉에 기록한 소망들 중 실제로 이뤄지더라도 그것만으로 행복해지는 것이 보장되지 않거나 행복감을 직접 경험할 수 없는 것이 포함되어 있다면 다른 소망들로 바꿔야 한다.

잠시 생각을 정리한 후, 〈표2〉에 한 번 더 세 가지 소망을 적어 본다. 만약 〈표1〉에서 적었던 내용이 위에 언급한 세 가지 조건에 잘 부합된다면, 바꿀 필요 없이 그대로 적으면 된다. 〈표1〉에서와 마찬가지로 세 가지 소망들의 중요도를 기준으로 우선순위를 정해 순서대로 답한다.

〈표2〉 내 삶이 행복해지기 위한 세 가지 소망

소망	내용
1	
2	
3	

전체 테스트를 마치기 전 이미 진행된 작업에 대해 설명할 경우, 나머지 테스트들을 진행하는 데 영향을 주기 때문에 이 사고 실험에 대한 해설은 다음 강의에서 소개하겠다. 다음으로 스스로 정한 행복의 항로를 따라 실제로 순항할 수 있게 하는 '방법'을 점검해볼 것이다. 이런 맥락에서 다음에 소개하는 낙관성 검사에 참여해보자. 널리 알려진 대로, 낙관성은 행복한 삶을 위해 꼭 필요한 인생 항해법 중 하나다.

낙관성 검사하기

—

본격적인 테스트를 진행하기에 앞서 자신의 낙관성 정도를 어떻게 판단하고 있는지를 점검해볼 것이다. 이 질문에 대한 대답 자체는 주관적이겠지만, 뒤이어 진행될 객관적인 검사 결과와 비교해보는 것은 의미가 있다. 왜냐하면 내가 생각하는 내 모습과 실제 내 모습을 비교할 수 있는 좋은 기회이기 때문이다. 그런 맥락에서 아래의 문항을 읽고 보기 항목 중에서 하나를 선택해보자.

낙관성에 대한 자기 평가

● 당신은 자신이 얼마나 낙관적이라고 생각하는가?
① 매우 비관적   ② 다소 비관적   ③ 다소 낙관적   ④ 매우 낙관적

선택했다면 아래 세 문항에 대해 시간적 여유를 가지고 대답해보기 바란다. 먼저 각 문항에서 제시된 상황 설명을 읽고서 그러한 일이 만약 내 삶에서 일어난다면 그때 내 생각이 보기 항목 중 어느 쪽에 더 가까울지 선택해보자. 어쩌면 보기 항목 중 그 어느 것도 당신의 생각과 잘 맞아떨어지지 않는다고 생각할 수도 있다. 그런 경우 2개의 보기 항목 중에서 내 생각과 조금이라도 더 가까운 것을 선택하면 된다.

이때 기억할 것은 사회적으로 바람직한 답변을 고르는 것이 아니라, 실제로 그와 같은 상황이 일어났을 때 자신이 드러낼 실제 반응이나 모습과 최대한 유사한 선택을 해야 한다는 것이다. 둘 중 어느 하나를 선택하기 힘들더라도 반드시 세 문항 모두에 대답해야 나중에 채점을 하고 결과를 확인할 수 있다. 행복의 심리학 프로그램을 진행하다 보면, 가끔 낙관성 검사에 참여한 뒤 결과가 마음에 들지 않으면 "대충 응답해서 그래. 집중력을 발휘해서 응답했으면 결과는 달라졌을 거야"라고 변명하는 사람들이 있다. 이런 태도는 행복해지는 데 결코 도움이 되지 않으므로 나중에 변명을 하지 않도록 다음의 낙관성 검사에 최선을 다해보자.

낙관성 검사

문항1. 친구(또는 애인)의 제안으로 멋진 곳에서 주말을 보냈다.
    A. 그 친구(애인)는 평소에 멋진 곳을 찾아다니기를 즐긴다.
    B. 그 친구(애인)는 며칠간 휴식을 취할 필요가 있었다.

문항2. 회사(또는 학교)에서 우수상을 받았다.
    A. 내가 최고의 직원(학생)이었기 때문이다.
    B. 내가 중요한 과제를 잘 해결했기 때문이다.

문항3. 내가 리더로 있는 팀의 프로젝트가 대성공을 거두었다.
    A. 내가 리더로서 팀원들을 잘 이끌었기 때문이다.
    B. 팀원들 모두가 합심해서 최선을 다했기 때문이다.

아래의 문항 역시 행복과 관계된 메타인지를 확인할 수 있는 예들이다. 다음의 질문에도 답해보자.

행복메타인지 검사

● **낙관성이 지나칠 경우, 독이 되기도 한다고 생각하는가?**
아래의 보기 중 하나를 선택하시오.
① 그렇다   ② 아니다

● **지혜가 지나칠 경우, 독이 되기도 한다고 생각하는가?**
아래의 보기 중 하나를 선택하시오.
① 그렇다   ② 아니다

● **지난 3년간 감기에 걸린 횟수는? (단, 독감이 아니라 일반적인 감기를 말함)**
① 0회   ② 1~2회   ③ 3~4회   ④ 5~6회   ⑤ 7~8회 이상

지금까지 행복의 기술을 훈련하기 전에 점검해야 할 영역, 즉 행복한 삶을 위한 방향, 방법, 그리고 현재 나의 모습, 이 세 가지를 모두 살펴보았다. 결과 해석으로 넘어가기 전에 한 번 더 강조하자면, 지금까지 진행된 테스트들은 성격상, 한번 설명을 읽고 나면 내 모습을 점검할 수 있는 기회를 영원히 놓치게 된다. 따라서 나의 메타인지를 점검할 수 있는 앞의 모든 작업들을 완수한 후에 다음 강의로 넘어가야 한다.

2강

인생의 두 가지
비극 이야기

와일드는 행복의 문제와 관련해서 놀라운 통찰력이 담긴 말을 남겼다. "인생에는 두 가지 비극이 있다. 하나는 원하는 것을 얻지 못하는 것이고, 다른 하나는 그것을 얻는 것이다."[1] 그에 따르면, 인생의 비극은 바로 사람들이 결코 얻지 못할 것들을 간절히 바라거나 행복해지는 데 전혀 도움이 되지 않는 것들에 집착하는 데 있다. 이러한 인생의 비극으로부터 벗어나기 위해서는 행복메타인지의 차원에서 올바른 항로를 설정하는 지혜가 필요하다.

와일드의 이야기는 앞서 〈표1〉과 〈표2〉에서 기록한 세 가지 행복 소망이 내가 행복해지는 데 얼마나 도움이 될만한 것인지 검토하는 데 유용한 가이드가 될 것이다. 먼저 앞에서 답했던 세 가지 행복 소망 목록을 다시 확인해보자. 그리고 아래의 설명을 읽으면서 혹시 내가 '안다는 느낌'이 만들어낸 착각에 빠져있었던 것은 아닌지 스스로 점검해본다.

행복한 삶으로 가는 올바른 인생 항로를 설정하기 위해서는 다음의 두 가지 지혜가 필요하다. 첫 번째는 행복해지는 데 무엇이 필요한지 아는 것이다. 두 번째는 원하는 것을 얻기 위해서는 실제 손에 쥘 수 있는 것을 소망하는 것이다. 다시 말해, 현실적으로는 불가능한 일을 실제로 달성 가능한 것으로 오해하는 '일상의 착각 (Everyday Illusions)'[2]에서 벗어나야 한다. 점검해보면 의외로 많은 사람들이 실제로는 불가능한 일을 실현 가능하다고 믿는다. 이것은 비단 현실 검증력에 문제가 있는 정신장애 환자들에게 국한된 문제가 아니다.

세 가지 소망 문제와 행복메타인지
—

일반적으로 대부분의 사람들은 〈표1〉과 〈표2〉의 내용이 일치하지 않는 형태로 답하는 경향이 있다. 만약 답한 내용이 불일치한다면 적어도 행복메타인지의 측면에서 다음 사항들을 점검해볼 필요가 있다.

먼저, 내 삶이 아니라 다른 사람들의 삶과 연관된 소망을 답한 경우 나의 소망이 내 삶 자체를 바꾸는 데 기여하는 것인지, 아니면 내게 만족감을 주는 것인지를 구분해야 한다. 사실, 많은 사람들은 막연하게 세 가지 소망을 말하라고 하면, 내 삶을 바꾸는 데 도움이 되는 소망보다는 내게 만족감을 주는 일을 소망으로 말하는 경향이 있다. 가족의 건강 또는 자녀의 대학 진학 등을 기원하는 것이 좋은 예들이다. 이러한 소망 또한 깊은 만족감을 주지만, 행복한 삶을 확립하는 데는 내게 만족감을 주는 것보다는 나의 삶 자체를 지혜롭게 바꿔나가는 것이 더 중요하다.

다음으로 두 번째와 세 번째 조건, 즉 실현 가능하고 행복감을 직접 경험하는 것이 보장되는 소망을 말하는 조건의 경우, 겉으로 보이는 것보다 실제로는 매우 복잡한 문제들에 해당된다. 앞서 소개한 와일드의 두 가지 비극 문제와 직접 연관되어있기 때문이다. 이런 맥락에서 다음에 나오는 가난한 농부의 세 가지 소망 이야기를 통해 나의 행복메타인지를 점검해보자.

가난한 농부의 세 가지 소망 이야기
—

프랑스 작가 미셸 피크말(Michel Piquemal)은 행복한 삶과 관련해 흥미로운 시사점을 주는 가난한 농부 이야기를 쓴 적이 있다.[3] 그 이야기를 알라딘의 요술 램프 버전으로 각색해서 소개하자면 다음과 같다.

어느 마을에 가난한 농부가 있었다. 그 농부는 어려서 가족을 잃었을 뿐만 아니라, 너무나도 가난했던 탓에 장가도 가지 못하고 홀로 살아가고 있었다. 어느 날 농부가 자신의 처지를 비관하며 신세 한탄을 하고 있을 때 알라딘의 요술 램프 속 지니가 나타났다.

그 농부의 처지를 딱하게 여긴 지니는 농부에게 원하는 것이 있다면 그것이 어떤 것이든 세 가지를 이뤄주겠다고 약속했다. 그러자 농부는 다음과 같이 말했다. "아침에 눈을 떴을 때, 제 눈에 띄는 모든 땅들이 제 것이 되게 해주세요. 또 그러한 땅에 어울릴만한 저택을 갖게 해주세요. 마지막으로, 그 저택의 창고를 금은보화로 가득 채워주세요."

지니는 농부의 이야기를 듣고 그 세 가지 소망이 이뤄지기만 하면 정말 지금보다 더 행복해질 수 있겠는지 재차 확인했다. 가난하게 사는 것에 한이 맺혔던 농부는 확신에 찬 어조로 반드시 그럴 것이라고 답했다. 지니는 농부의 세 가지 소망을 모두 들어줬다. 소망을 이룬 농부는 행복해질 수 있었을까?

실제로 사람들에게 세 가지 소망을 말하라고 하면, 가장 많이 나오는 소망 중 하나가 바로 부자가 되는 것이다. 사실상 재물을 많이 소유하는 것은 삶의 만족감을 높이는 데 도움이 된다. 다만, 그것만으로는 행복이 보장되지 않는다. 그렇기 때문에 '세 가지 행복 소망'으로 불리는 사고 실험에서는 무엇을 선택했는가도 중요하지만 무엇이 빠져있는지를 살펴보는 것도 의미가 있다.

이야기의 결론을 말하자면, 가난한 농부는 세 가지 소망이 이뤄진 뒤에도 진정한 행복감을 경험할 수는 없었다. 왜냐하면, 거대한 땅과 저택 그리고 재물이 주는 만족감은 분명한 한계가 있기 때문이다. 그 농부의 소망에서는 빠져있었지만 행복한 삶을 위해서 꼭 필요한 요소 중 하나가 바로 '관계'다. 사실, 그 농부는 부자가 되었기 때문에 행복해질 수 없었던 것이 아니라, 물질적인 부만을 소유했을 뿐 행복해지는 데 꼭 필요한 인간관계가 결핍되어있었기에 행복감을 경험할 수 없었던 것이다.

이런 점에서 가난한 농부 이야기는 와일드가 말한 두 가지 비극 중 자신이 행복해지는 데 도움이 될만한 것들을 소망할 줄 모르는 예에 해당된다. 행복한 사람들은 세 가지 소망을 말할 때 '인간관계'와 직접적으로 연관된 소망을 적어도 하나 이상은 말하기 마련이다. 행복한 삶을 위해서 관계는 필수요소이기 때문이다.

행복과 소득의 관계

어떤 사람들은 경제적인 부만으로는 행복이 보장되지 않는다는 주장에 의문을 제기하기도 한다. 실제로 학계에서도 소득과 행복의 관계에 대해서 오랫동안 논쟁이 지속되어왔다. 하지만 사실, 이 문제는 행복을 어떻게 정의 내리느냐에 따라 결론이 달라질 수 있다. 노벨경제학상 수상자들인 대니얼 카너먼(Daniel Kahneman)과 앵거스 디턴(Angus Deaton)[4]은 행복과 소득 간 관계를 보여주는 흥미로운 논문을 발표했다. 그들은 미국의 전 지역에서 표집된 1,000명의 주민들을 대상으로 전화 인터뷰를 진행했다.

그 연구 결과에 따르면, 행복과 소득의 관계는 행복을 어떻게 정의하는지에 따라 달라지는 것으로 나타났다. 만약 행복을 '스스로 삶에 만족하는 것'으로 정의하면, 행복은 소득과 거의 정비례하게 나타났다. 즉, 소득이 증가할수록 삶에 대한 만족도가 증가하는 것이다.

반면 행복을 '스스로 삶에 만족하는 동시에 정서적으로도 웰빙을 경험하는 것'이라고 정의하면, 소득이 증가한다고 해서 반드시 행복이 증가하는 것은 아니었다. 이때 정서적 웰빙이란 삶의 문제들로 인해 쉽게 우울감에 빠지거나 좌절하지 않고, 스트레스로부터 자유로운 삶을 살며 하루하루를 긍정정서 속에서 밝고 유쾌하게 생활하는 것을 말한다.

카너먼과 디턴의 연구에 따르면 연간 가계소득이 약 75,000달러(약 8,600만 원) 수준이 될 때까지는 소득이 정서적인 웰빙을 높이는 데 기여할 수 있다. 물론, 이것은 미국의 사회경제적 지표를 기준으로 한 것이므로 한국에 그대로 적용할 수는 없다. 다만, 세계은행이 발표한 2017년 일인당 국민총소득은 미국의 경우 58,270달러 그리고 한국은 28,380달러로 약 두 배 정도 차이가 난다.[5] 이러한 점들을 종합해보면 한국의 경우 연간 가계소득이 약 4,300만 원 수준이 될 때까지는 정서적 웰빙을 높이는 데 기여할 수 있을 것으로 보인다.

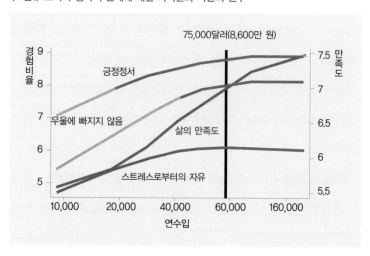

카너먼과 디턴의 연구는 표본이 미국인에 한정된다는 한계가 있었다. 이에 퍼듀(Purdue) 및 버지니아대학의 연구진은 후속 연구에서 전 세계 164개국의 약 171만 명을 대상으로 행복과 소득의 관계를 조사했다.[6] 이 연구에서는 행복을 측정하는 지표로 삶의 만족도와 정서적 웰빙에 대한 부분 모두를 포함했다. 다만, 카너먼과 디턴의 연구와는 달리 이 연구에서는 정서적 웰빙을 긍정정서와 부정정서 두 가지로 나눠 평가했다.

그 결과 전 세계적으로 연간 가계소득이 삶의 만족도에 미치는 영향에서 한계효용이 나타나는 시점은 대략적으로 소득이 약 1억 1천만 원에 도달하는 때인 것으로 나타났다. 여기서 주의해야 할 점은 이 말의 의미가 소득이 1억1천만 원에 도달하기 전에는 행복감을 경험하기 어렵다는 것이 아니라는 점이다. 그보다는 소득이 1억1천만 원에 도달할 때까지 사람들은 현재보다 더 높은 수준의 소득을 갖게 되는 것이 삶의 만족도를 높이는 데 도움이 된다고 생각한다는 것을 뜻한다. 대조적으로 긍정정서의 경우 연간 가계소득의 한계효용이 나타나는 시점은 소득이 약 6,900만 원에 도달하는 때였다. 그리고 부정정서의 경우에는 소득이 약 8,600만 원에 도달하는 때였다. 이처럼 부정정서에 비해 긍정정서에서 가계소득의 한계효용이 더 빠르게 나타난다. 다시 말해서, 돈은 기쁨을 얻기보다는 슬픔을 견디는 데 더 큰 효과를 나타낸다는 것이다.

카너먼과 디턴의 연구 그리고 퍼듀 및 버지니아대학의 연구 결과는 소득이 늘어난다고 해서 항상 행복이 보장되는 것은 아니라는 점을 분명하게 보여준다. 특히 행복을 단순히 삶에 대한 만족도로 평가하는 것이 아니라 정서적인 웰빙을 포함해서 평가할 경우, 적어도 연간 가계소득이 8,600만 원을 넘으면서부터는 행복에 대한 한계효용 문제가 나타날 수 있다. 즉, 연간 가계소득 수준이 8,600만 원을 넘어서부터는 소득이 그 이상 증가하더라도 더 이상 정서적 웰빙이 증가하지 않는다는 것을 의미한다.

행복의 정의

사람들은 흔히 행복을 단순히 '삶에 만족하는 것' 정도로 생각하는 경향이 있다. 하지만 카너먼과 디턴의 연구 그리고 퍼듀 및 버지니아대학의 행복연구 결과가 보여주듯이, 삶에 만족한다는 것과 정서적 웰빙을 경험하는 것은 질적으로 다른 경험이다. 정서적인 웰빙을 갖추지 못한 행복은 '속 빈 강정'에 해당된다. 이러한 행복은 겉보기에 그럴듯해 보이지만 실속은 없는, 공허한 것이 될 수 있다. 따라서 행복이란 삶에 만족하는 동시에 정서적인 웰빙도 함께 갖추는 것이어야 한다.

행복에 무관심하거나 '행복 스트레스'에 대한 반작용으로 부정적으로 반응하는 사람들도 있다. 개중에는 행복은 결국 진화의 산물이기 때문에 인간도 동물이라는 관점에서 행복의 문제를 조망해야 한다고 주장하는 사람들도 있다.[7] 그 주장에 따르면, 행복은 거창한 삶의 목적이 아니라 단지 생존과 번식에 도움을 주는 것일 뿐이다. 여기에서 이러한 주장들의 과학적 타당성을 학문적으로 논할 필요는 없다. 하지만 반드시 짚고 넘어가야 할 점 중 하나는, 이러한 관점들은 우리가 삶을 어떻게 하면 조금 더 가치 있고 의미 있게 살아갈 수 있는지에 대해서는 해답을 주지 않는다는 점이다. 이런 점들을 종합적으로 고려한다면 행복한 삶이 갖춰야 할 조건은 다음의 네 가지로 요약할 수 있다.

첫째, 빅 옴바사 문제를 해결할 것
—

세 가지 행복 소망 과제에서 요구되는 메타인지 중 하나는 실제로 내가 행복해지는 데 도움이 될만한 소망을 찾는 것이다. 그런데 이것은 결코 간단한 문제가 아니다. 미국의 저명한 심리학자이자 작가인 대니얼 길버트(Daniel Gilbert)가 재미있게 표현한 것처럼, 사람들은 종종 큰돈을 들여서 애써 새긴 문신을 제거하기 위해 거액을 낭비하면서 살아가기 때문이다.[8] 사람들의 이러한 문제를 '빅 옴바사 문제(Big Wombassa)'라고 부른다.

빅 옴바사란 자신이 바라던 일이 이뤄졌을 때 그것이 이뤄지기 이전에 기대했던 것을 실제로는 경험하지 못하게 되는 현상을 말한다.[9] 가난한 농부가 선택했던 세 가지 소망 역시 빅 옴바사 문제와 관계가 있다. 이것은 로또에 당첨된 사람들이 체험하게 되는 결과를 비교해봄으로써 쉽게 확인할 수 있다.

대부분의 사람들은 가능하기만 하다면, 복권에 당첨되는 행운을 누리기를 원한다. 새해를 맞이해 한 기관에서 전국의 성인 남녀 1,580명을 대상으로 '새해 소망'에 관해 설문조사한 결과에 따르면, 새해에 이루고 싶은 소망 1위가 복권 당첨이었다고 한다.[10] 이 조사에서 참여자 중 약 68%가 새해 소망으로 복권 당첨을 선택했다. 하지만 복권에 당첨된다고 해서 자동적으로 행복이 보장되지는 않는다. 그 대표적인 예가 바로 잭 휘태커(Jack Whittaker) 사례다.

2002년에 휘태커는 미국에서 엄청난 고액의 복권에 당첨되었다.[11] 그의 당첨 금액은 무려 3,000억 원이 넘었다. 그는 당첨금을 한 번에 현금으로 수령하는 방식을 선택했고 결과적으로 세금을 공제하고도 무려 1,000억이 넘는 거금을 손에 쥘 수 있었다. 건설업자였던 휘태커는 당첨금의 10%를 교회에 기부하는 등 자선사업에도 열심히 참여했다. 하지만 행운은 그다지 오래가지 못했다. 그는 돈을 흥청망청 썼으며 여러 가지 불미스러운 사건들에 연루되면서 나락으로 떨어지고 말았다.

그는 복권에 당첨된 후 채 1년도 지나지 않아 두 번이나 음주운전으로 체포됐으며 재활시설에 수용되기도 했다. 또 술집에서 폭행 혐의로 체포되기도 하고 카지노장에서의 분쟁 때문에 고소당하기도 했다. 복권에 당첨된 이후에 무려 460건에 달하는 소송 사건에 연루되었고 도난 사건도 연달아 일어났다.

그 결과, 복권 당첨 후 5년 만에 사실상 빈털터리가 되었다. 수많은 비극 중에서도 가장 슬픈 것은 사랑했던 손녀가 마약에 중독되어 사망한 사건이었다. 휘태커는 한 방송사와의 인터뷰에서 복권에 당첨된 것을 후회하고 있으며 그 일은 자신에게 축복이 아니라 사실상 '저주'였다고 고백했다. 복권 당첨이 행복한 삶으로 이어지지 않는 것은 비단 휘태커만의 문제는 아니었다.

심리학자 필립 브릭먼(Philip Brickman)과 동료들은 복권 당첨자 22명, 사고에 따른 하반신 또는 사지 마비 환자 29명, 그리고 일반인 22명의 행복도를 비교했다.[12] 그 결과를 보면, 복권 당첨자들이 일반인들보다 특별히 더 행복하지는 않은 것으로 나타났다. 왜냐하면, 복권에 당첨되는 사건이 삶에서 행복을 이끌어내는 능력을 변화시키지 않았기 때문이다. 한편 사고 희생자들의 경우, 다른 두 집단보다 상대적으로 낮은 수준의 행복감을 보였다. 하지만 사고 희생자들은 여전히 중간 수준 이상의 행복도를 나타냈으며 일반 사람들이 예상하는 것만큼 행복도가 크게 감소하지는 않았다. 특히 미래의 행복과 관련해서 사고 희생자들은 다른 두 집단과 동등한 수준의 기대감을 나타냈다.

일반적으로 복권에 당첨된 후 몇 달이 지나면, 당첨자들이 처음에 맛봤던 행복감은 복권에 당첨되기 이전 수준으로 되돌아간다. 이러한 점은 반대로 비극적인 사건의 경우에도 마찬가지다. 시간이 지나면서 사람들은 점차 그러한 사건이 초래한 변화에 익숙해진다.

지금까지 살펴본 것처럼 많은 사람들은 복권에 당첨되는 것을 간절히 바라지만 그들의 기대와는 달리, 실제로 거액의 복권에 당첨되더라도 행복해지는 데는 크게 도움이 되지 않는다. 이처럼, 실제로 행복해지는 데 도움이 될만한 것을 찾는 일은 흔히 사람들이 생각하는 것만큼 쉬운 과제는 아니다.

둘째, 고차적인 욕구를 추구할 것
—

할리우드 최고의 갑부 중 하나인 드림웍스 회장 데이비드 게펜(David L. Geffen)은 행복은 돈을 버는 것보다 더 어려운 일이라고 말했다. 돈을 번다고 해서 행복의 문제가 자동적으로 해결되는 것은 아니라는 것이다. 그는 "돈이 자신을 행복하게 만들어줄 수 있다고 생각하는 사람들은 보통 돈이 없는 사람들이다"[13]라는 명언을 남기기도 했다. 실제로 미국의 억만장자들을 대상으로 한 행복연구 결과는 게펜의 주장이 타당하다는 점을 확인시켜준다.

긍정심리학계의 거장 중 하나인 에드 디너(Ed Diener)와 동료들은 포브스(Forbes) 지에 등재된 미국 최고의 부자들 100명에게 행복에 관한 질문지를 발송했다.[14] 그리고 이 억만장자 수준의 갑부들과 인구통계학적인 특징이 일치하는 일반인 100명에게도 동일한 질문지를 발송했다. 그 결과, 억만장자들 중 49명이 그리고 일반인들 중 62명이 회신을 보내왔다.

연구 결과, 포브스 지에 등재된 억만장자들은 일반인들보다 삶에 대한 만족도가 조금 더 높은 수준인 것으로 나타났다. 또한, 일반인들보다 부정정서를 상대적으로 덜 경험하는 것으로 나타났다.

이 연구에서 흥미로운 점은 돈이 행복을 보장한다고 생각하는 사람은 억만장자들 중 단 한 명도 없었다는 것이다. 연구에 참여했던 억만장자들은 자신들에게 진정한 행복감을 느끼게 하는 것은 수영장이 딸린 대저택이나 명품 의류와 같은 돈으로 이룰 수 있는 가치가 아니라고 말하며 대신에 화목한 가정, 일에서의 성취, 사회적인 헌신 등이 행복의 비결이라 답했다. 즉, 생리적인 욕구와 안전의 욕구 등 욕구의 위계 면에서 하위에 속하는 욕구들에는 낮은 점수를 준 반면, 사랑, 자존감, 자아실현 등과 같은 고차적인 욕구들에는 더 높은 점수를 준 것이다.

포브스 지가 선정한 갑부들에 대한 행복연구는 빅 옴바사 문제와 관련해서 중요한 시사점을 준다. 돈이 삶의 만족도를 높여줄 수는 있을지라도, 돈을 번다고 해서 행복한 삶이 자동적으로 보장되는 것은 아니라는 점이다. 행복한 삶을 목표로 한다면, 돈을 버는 것만으로는 충분하지 않으며 사랑, 자존감, 자아실현 등을 위한 노력이 동반되어야 한다.

셋째, 일상의 착각에서 벗어날 것

'세 가지 행복 소망' 과제에서 필요로 하는 또 다른 메타인지는 불가능한 일을 실현 가능한 것으로 오해하는 '일상의 착각'에 빠지지 않도록 주의를 기울이는 것이다. 일반적으로 사람들은 '자기중심성(Egocentrism)'에 기초해 생활하기 때문에, '자신에 대해 스스로 생각하는 것'과 '실제로 행동하는 것' 사이에 상당한 차이가 존재한다. '자신감 착각(Illusion of Confidence)'이 그 좋은 예다. '워비곤 호수 효과(Lake Wobegon Effect)'는 이러한 자신감 착각이 어떤 것인지를 잘 보여준다.[15]

미국의 라디오 쇼인 〈프레리 홈 컴패니언(A Prairie Home Companion)〉에서 방송인 개리슨 케일러(Garrison Keillor)는 워비곤 호수라는 가상의 마을을 소개했다. 이 쇼는 항상 케일러가 워비곤 호수 마을의 소식을 전하면서 시작한다. 그에 따르면 워비곤 호수 마을은 여자들이 모두 힘이 세고 남자들은 모두 잘생겼으며 아이들도 모두 평균 이상인 곳이다. 이처럼 워비곤 호수 효과는 자신의 능력을 과대평가하는 경향성을 뜻한다.

또 다른 예를 들어보겠다. 세계 최대 체스 대회인 월드 오픈(World Open)에는 매년 천 명 이상의 선수들이 참여한다. 체스는 매우 독특한 특징을 가지고 있다. 플레이어가 서로의 점수를 알게 되면 경기에서 이기고 질 확률을 거의 정확하게 예측할 수 있는 매우 정교한 실력 측정 시스템을 가지고 있는 것이다. 예를 들면, 1998년에 20회 이상 경기에 참여한 미국체스협회 회원들의 평균 점수는 1,337점이었다. 이 정보만 가지고 있으면, 체스 점수가 서로 다른 선수들이 시합을 했을 때 결과가 어떻게 될지를 쉽게 예측할 수 있다. 따라서 체스 점수는 선수 개인의 실력에 대한 가장 정확한 지표라고 할 수 있다.

그럼에도 불구하고 시합에 출전한 체스 선수들 중 75%는 자신의 체스 점수가 평균적으로 99점이나 과소평가된 것이라고 믿었다.[16] 그리고 이들은 자신의 체스 점수와 비슷한 점수대의 경쟁자와 시합을 한다면, 십중팔구는 승리할 것으로 전망했다. 왜냐하면, 자신의 체스 점수는 저평가된 반면 상대방의 체스 점수는 실력을 정확하게 반영했다고 믿었기 때문이다.

하지만 이것은 사실상 현실적으로는 실현 불가능한 기대에 해당된다. 이들은 자신의 체스 점수에서 99점을 더한 점수가 자신의 실제 실력을 보여준다고 믿었지만, 사실 이 점수는 5년이 지난 후 다시 조사했을 때까지도 결코 도달할 수 없었던 점수였다. 결국 시합에 출전한 체스 선수들은 5년을 더 갈고 닦아도 결코 도달할 수 없는 점수가 자신의 실제 실력을 반영한다고 믿었던 것이다.

물론 자신감 착각은 선수들에게서만 나타나는 현상이 아니다.

일반인에게도 유사하게 나타난다. 그리고 이러한 자신감 착각은 쉽게 교정되지 않는다. 벤저민 프랭클린(Benjamin Franklin)은 자신감 착각의 위력을 다음과 같이 묘사했다. "세상에는 아주 단단한 것이 세 가지 있다. 강철, 다이아몬드, 그리고 자신에 대한 인식이다."[17]

넷째, 마음 읽기의 지혜를 갖출 것

자신감 착각과 같은 일상의 착각에서 벗어나기 위해서는 '마음 읽기(Mind Reading)'의 지혜가 필요하다. 마음 읽기는 사람들이 일상생활 속에서 자신과 타인의 생각, 느낌, 욕구, 의도를 정확하게 추론하는 능력을 뜻한다.[18] 사람들은 자기 마음을 스스로 잘 알고 있다고 생각한다. 하지만 뇌가 실제로 알고 있는 것과 내가 안다고 느끼는 것 사이에는 차이가 있을 때가 많다. 그렇기 때문에 마음 읽기는 매우 어려운 과제 중 하나다. 다음의 심리학 실험은 자신의 마음을 지혜롭게 읽어내는 일이 얼마나 어려운 과제인지를 잘 보여준다.

이 실험에서 실험자는 실험 대상인 학생들에게 본인이 맡은 프로젝트를 완료하는 데 시간이 얼마나 걸릴지 물었다.[19] 단, 이때 최상의 시나리오와 최악의 시나리오를 고려하면서 프로젝트 완료 시간을 예상해보라고 질문했다. 학생들은 최상의 경우 27일 그리고 최악의 경우 49일이 걸릴 것이라고 대답했다. 하지만 학생들이 프로젝트를 완성하는 데 걸린 평균 시간은 55일이었다. 이러한 현상을 심리학에서는 '계획오류(Planning Fallacy)'라고 부른다.

이러한 계획오류의 대표적인 예로, 스페인 바르셀로나의 사그라다 파밀리아(Sagrada Familia) 성당을 들 수 있다. 세계적인 건축가 안토니 가우디(Antoni Gaudi)는 1886년에 10년 후면 성당이 완공될 것이라고 호언장담했다.[20] 하지만 이 성당은 그 후로 140년이 지난 2026년이 되어서야 완공될 것으로 보인다.

여기에서 정말 흥미로운 것은 이러한 오류가 수없이 반복된다는 점이다. 이처럼 오류를 범하는 것이 현재에도 얼마든지 반복될 수 있는 자신의 모습임에도 불구하고 사람들은 이러한 사실을 쉽게 인정하지 않는다. 동시에 잘못된 판단을 내리는 것은 자신의 과거 모습일 뿐이라고 믿는다. 바로 이 때문에 평생 유사한 오류가 무한히 악순환된다.

마우리츠 에셔(Maurits C. Escher)가 그린 〈계단 오르내리기〉라는 작품이 있다. 중세 수도원들의 모습을 담고 있는데, 여기서 주목해야 할 부분은 계단의 형태다. 그림 속 계단은 언뜻 보기에 그럴 듯해 보이지만 현실에서는 존재할 수 없다. 일반 계단과는 달리 위와 아래의 구분이 존재하지 않기 때문이다. 에셔의 그림에서 현실적으로 불가능한 것이 마치 가능해 보이는 것처럼, 마음 읽기에서도 불가능한 것이 마치 가능해 보이는 오류가 일상적으로 반복된다.

요약하자면 와일드의 말처럼, 인생에는 두 가지 비극이 있다. 얻지 못할 것을 원하는 것과 행복해지는 데 도움이 되지 않는 것을 간절히 바라는 것. 그리고 이러한 비극의 이면에서 영향을 주는 심리적 요인이 바로 일상의 착각과 빅 옴바사 문제다. 바로 그렇기 때문에 행복한 삶을 위해서는 자신의 생각을 스스로 관리하는 메타인지의 지혜를 갖추는 것이 중요하다.

행복에 도움이 되는 삶의 조건들
—

사실 '세 가지 행복 소망'이라는 사고 실험에 정답은 존재하지 않는다. 다만, 긍정심리학에 기초해 여러 소망들 중에서 상대적으로 행복해지는 데 유리한 항목들이 무엇인지는 살펴볼 수 있다. 대표적인 긍정심리학자 중 하나인 크리스토퍼 피터슨(Christopher Peterson)은 행복에 영향을 주는 다양한 삶의 조건들을 다음과 같이 분류했다(〈표3〉 참조).[21]

먼저 행복의 필수 조건인 것 같아 보이지만 사실상 큰 영향을 미치지 않는 요인들을 살펴보면, 나이, 성별, 교육 수준, 사회 및 경

〈표3〉 행복에 영향을 주는 삶의 조건들

행복과 관계없는 요인들	행복과 중간 수준으로 관계된 요인들	행복과 밀접한 관계가 있는 요인들
나이	친구가 많은 것	감사
성별	결혼 상태를 유지하는 것	낙관성
교육 수준	종교활동	몰입의 경험(직업 또는 취미)
사회적 지위	레저활동을 많이 하는 것	친밀한 관계와 사랑
경제적 소득 수준	신체적 건강	자존감 및 자아효능감
자녀가 있는 것	성실성	유머
지능	외향적 성격	용서
외모의 매력도	자기통제력	봉사

제적 지위 등 인구통계학적인 변인들이 주로 포함되어있다. 또, 많은 사람들이 선호하는 지능과 매력적인 외모 역시 행복과는 관계없는 요인들에 해당된다.

다음으로 행복과 중간 정도로 관계를 맺고 있는 조건들로는 친구의 수, 결혼 상태를 유지하는 것, 종교활동, 여가활동 수준, 신체적 건강 등을 들 수 있다. 더불어 성실성, 외향성, 그리고 자기통제력 등의 성격 특징 역시 행복과 중간 수준으로 관계가 있다.

마지막으로 행복과 밀접한 관계가 있는 삶의 조건에는 감사, 낙관성, 몰입의 경험, 친밀한 관계와 사랑, 자기효능감, 유머, 용서, 봉사 등이 해당된다. 이러한 요인들은 모두 인간관계와 밀접한 연관이 있는 것들이다.

〈표3〉에 기초해 앞에서 답했던 '세 가지 행복 소망'을 다시 한번 더 살펴보자. 세 가지 소망들 중에 행복과 밀접한 관계가 있는 삶의 조건들이 많이 포함되면 포함될수록, 그리고 행복과 관계가 없는 삶의 조건들이 적게 포함되면 포함될수록, 높은 수준의 행복메타인지를 갖추고 있는 것으로 해석할 수 있다.

3강

지혜로운 낙관성이란
무엇인가

유능한 뱃사람들은 순풍이 불 때만 배를 띄우는 것이 아니라 역풍이 부는 상황에서도 삼각돛을 활용해 지그재그 형태로 항해한다. 이러한 점은 인생 항해술에서도 마찬가지라고 할 수 있다. 이때 인생 항해술에서 삼각돛의 역할을 하는 것이 바로 학습된 낙관주의다. 학습된 낙관주의에 관해 자세히 살펴보기에 앞서 2강에서 진행한 낙관성 검사를 채점할 것이다.

채점 전 한 번 더 '마인드 셋(Mind Set)'을 점검해보자. 채점하고 나면 나의 낙관성 점수를 손에 쥐게 될 텐데, 이때 테스트 결과에 어느 정도의 가치를 매길 것인지 나름의 기준을 세우라는 것이다. 사실 어떤 사람들은 내 점수가 좋으면 낙관성 검사가 훌륭한 것이고 내 점수가 나쁘면 낙관성 검사가 엉터리라고 평가하기도 한다. 따라서 채점하기에 앞서 낙관성 검사의 가치를 사적인 감정에 기초해 평가하기보다는 내 점수와는 무관하게 객관적이고 논리적인 기준을 가지고 평가하겠다는 다짐이 필요하다.

이러한 결과를, 낙관성 검사를 하기 전에 응답했던 '낙관성에 대한 자기평가'와 비교해보면 메타인지의 측면에서 중요한 시사점을 얻을 수 있다.

- **나의 낙관성 점수: (   ) 점**
- **낙관성 검사의 해석 기준**

  ① 0점: 매우 비관적   ② 1점: 다소 비관적

  ③ 2점: 다소 낙관적   ④ 3점: 매우 낙관적

한국인의 경우, 자신의 낙관성을 스스로 평가하는 질문에 대해서 대다수가 ③번 또는 ④번을 선택한다. 반면, 세 문항으로 이뤄진 실제 낙관성 검사에서는 대다수가 보기 ①번의 0점 또는 보기 ②번의 1점이라는 결과를 나타낸다. 이처럼 많은 사람들이 낙관성과 관련해서 주관적인 자신의 생각과 실제 모습 사이에 차이를 보이는 이유는 두 검사의 평가 기준이 서로 다르기 때문이다.

자, 이제 채점을 해보자. 세 문항으로 구성된 낙관성 검사에서 정답은 세 문항 모두 'A'이다. 3개의 낙관성 문항들에서 'A'를 선택한 문항의 개수를 세면 그것이 나의 낙관성 점수가 된다. 예컨대, 만약 3개의 문항 중 2개의 문항에서 'A'를 선택했다면, 당신의 낙관성 점수는 2점이 된다. 그 결과를 그다음에 나오는 해석 기준과 비교해보자.

문항1. 친구(또는 애인)의 제안으로 멋진 곳에서 주말을 보냈다.

    A. 그 친구(애인)는 평소에 멋진 곳을 찾아다니기를 즐긴다. +1점

    B. 그 친구(애인)는 며칠간 휴식을 취할 필요가 있었다.

문항2. 회사(또는 학교)에서 상을 받았다.

    A. 내가 최고의 직원(학생)이었기 때문이다. +1점

    B. 내가 중요한 과제를 잘 해결했기 때문이다.

문항3. 내가 리더로 있는 팀의 프로젝트가 대성공을 거두었다.

    A. 내가 리더로서 팀원들을 잘 이끌었기 때문이다. +1점

    B. 팀원들 모두가 합심해서 최선을 다했기 때문이다.

보통 사람들은 자신의 현재 모습을 되돌아봤을 때 특별히 비관적이지 않으면 자신이 낙관적이라고 생각한다. 그러나 낙관성 검사에서 높은 점수를 얻기 위해서는 실제로 낙관적인 사람들이 생각하고 행동하는 방식을 이해하고 있어야 한다.

이러한 낙관성 검사의 경우, 수검자가 다른 사람들에게 좋은 인상을 주기 위해 자신이 실제보다 더 낙관적인 사람인 것처럼 과장 또는 가장하기는 매우 어렵다.[1] 실제로 면접 상황에서 가능한 한 좋은 인상을 주기 위한 답변을 고르라고 요구하면서 동기유발을 위해 1등에게 상당한 상금을 지급한다고 해도 연구참여자들 낙관성 점수를 높이는 데 성공하지 못했다.

낙관성에 대한 상식과 실제 낙관성의 차이
—

낙관적인 사람들의 메타인지와 상식적인 시각의 차이를 비교하기 위해 앞서 살펴봤던 아래의 두 가지 질문을 다시 비교해보자. 첫 번째 질문에 대해서는 대부분의 사람들이 '그렇다'를 선택한다. 이에 비해 두 번째 질문에 대해서는 대부분의 사람들이 '아니다'를 선택한다.

- **낙관성이 지나칠 경우, 독이 되기도 한다고 생각하는가?**
  아래의 보기 중 하나를 선택하시오.
  ① 그렇다　　　　② 아니다

- **지혜가 지나칠 경우, 독이 되기도 한다고 생각하는가?**
  아래의 보기 중 하나를 선택하시오.
  ① 그렇다　　　　② 아니다

이러한 결과는 사람들은 암묵적으로 지혜와 낙관성은 서로 다른 것이며, 특히 지혜롭지 않은 형태의 낙관성이 존재한다고 믿는 경향이 있다는 것을 의미한다. 그 대표적인 예가 바로 미겔 데 세르반테스(Miguel de Cervantes)가 묘사하는 돈키호테(Don Quixote) 같은 사람이다. 그는 뼈가 부러지고 온몸을 다쳐가면서도 무모한 도전을 결코 포기하지 않는다. 지혜롭지 않은 낙관성이 존재한다고 믿는 사람들은 때때로 낙관성을 한낱 조롱거리로 전락시켜버리기도 한다. 아마도 낙관성에 관한 심각한 비아냥거림 중 하나는 "낙관성이 가장 만개한 곳은 바로 정신병원이다"[2]라는 말일 것이다.

낙관성이 지나치면 독이 될 수 있다는 시각은 겉으로는 별 문제가 없는 것처럼 보인다. 하지만 심리학적인 관점에서 본다면 돈키호테처럼 살아가는 사람들이 삶에서 문제에 직면하게 되는 것은 낙관성이 지나쳐서 독이 된 것이 아니라, 지혜가 부족하기 때문이다. 지혜가 부족해서 곤란에 처한 사람을 보며 그의 낙관성에 문제가 있다고 생각하는 방식은 그다지 지혜롭지 못하다. 왜냐하면, 그러한 믿음은 낙관적인 사람이 되려는 노력을 기울이지 않도록 만들기 때문이다. 지나치면 독이 되는데 누가 낙관적인 사람이 되려고 노력하겠는가?

행복과 소득의 관계를 다룰 때와 마찬가지로, 낙관성의 문제 역시 낙관성을 어떻게 정의하느냐에 따라 결론이 달라질 수 있다. 이러한 맥락에서 낙관성에 관한 개념을 먼저 정리해보겠다.

낙관성의 심리학

상식적인 시각과는 다르게 행복, 지혜, 그리고 낙관성은 겉으로는 달라 보여도 본질적으로는 같은 것이라고 할 수 있다. 사실상 동일한 대상을 상황에 따라 초점을 달리해 다른 용어를 사용하는 것일 뿐이다. 비유하자면 동일한 산을 봄에는 금강산, 여름에는 봉래산, 가을에는 풍악산, 그리고 겨울에는 개골산이라고 부르는 것과 비슷하다. 왜냐하면, 행복하지 않거나 지혜롭지 않은 낙관성 또는 지혜롭지 않거나 낙관적이지 않은 행복한 삶은, 존재하지 않거나 설사 존재하더라도 가치가 없기 때문이다.

물론, 행복과 지혜 그리고 낙관성 이 세 가지가 별개의 현상이라는 정의를 내리는 것도 가능하다. 애초에 이것은 정답이 존재하는 문제라기보다는 '선택의 문제'에 해당하기 때문이다. 중요한 것은 과연 어떤 설명 방식이 내가 지금보다 더 행복해지는 데 유리할 것인가 하는 점이다. 이런 맥락에서 지금부터 소개하는 '낙관성의 심리학'에 관한 설명을 잘 읽어보고 상식적인 시각과 비교해보기 바란다.

심리학적 관점에서 볼 때 낙천성(樂天性)과 낙관성(樂觀性)은 다르다. 낙천성과 낙관성 모두 세상을 즐겁고 좋은 쪽으로 바라보는 특성을 뜻한다. 하지만 그 둘 사이에는 중요한 차이가 있다. 첫째, 낙천성은 타고나는 기질에 해당되는 반면, 낙관성은 학습된 것이라는 점이다. 바로 그렇기 때문에 낙관성을 '학습된 낙관주의(Learned Optimism)'라고 부른다.[3] 둘째, 낙천성은 지혜와 무관한 반면, 낙관성은 반드시 지혜를 동반해야 한다는 점이다. 사람들은 일반적으로 '지혜롭지 않은 형태의 낙관성이 존재한다'고 믿는 경향이 있다. 하지만 사실 이것은 '지혜롭지 않은 형태의 낙천성이 존재한다'고 표현하는 것이 더 이치에 맞다. 다시 한번 더 강조하지만, 이것은 정의를 어떻게 내리느냐의 문제인 동시에 어떤 선택을 하느냐의 문제이기 때문이다.

낙관성의 심리학적 정의는 '좋은 일은 최대로' 그리고 '안 좋은 일은 최소로' 일어날 수밖에 없도록 생각을 조직화하는 동시에 행동으로 옮기는 것이다. 따라서 정의상 낙관적이기만 하면, 삶에서 좋은 일은 더 많이 일어나는 동시에 나쁜 일은 더 적게 일어날 수밖에 없다. 문제는 구체적으로 어떻게 생각하고 행동하는 것이 이러한 결과를 낳는가 하는 점이다. 낙관적인 사람이 생각하고 행동하는 방식을 살펴보기 위해 앞서 제시했던 낙관성 문항들을 예로 들어보겠다. 낙관성의 핵심 포인트는 어떤 일이 일어나든지 간에 보기 항목 A와 B 중 과연 어느 쪽을 선택할 때 좋은 일은 더 많이 일어나고 나쁜 일은 더 적게 일어나게 될 것인지를 판단하는 것이다.

먼저 문항1의 상황을 살펴보자. 만약 누군가의 제안으로 멋진 곳에서 주말을 보내는 것이 좋은 일이라면, 필요에 의해 그런 일이 일어난 것이라고 믿고 그러한 믿음이 참일 때(보기B)에 비해 늘 그렇다고 믿고 그러한 믿음이 참일 때(보기A) 멋진 일이 반복해서 일어나게 될 가능성이 더 높을 수밖에 없다.

문항1. 친구(또는 애인)의 제안으로 멋진 곳에서 주말을 보냈다.

A. 그 친구(애인)는 평소에 멋진 곳을 찾아다니기를 즐긴다.

B. 그 친구(애인)는 며칠간 휴식을 취할 필요가 있었다.

문항2의 상황에서도 마찬가지다. 만약 회사(또는 학교)에서 좋은 결과를 얻었을 때 내가 이번 과제를 잘 해결했기 때문이라고 믿고 그러한 믿음이 참일 때(보기B)에 비해, 내가 뛰어난 사람이기 때문에 그러한 결과를 얻었다고 믿고 그러한 믿음이 참일 때(보기A) 좋은 일이 반복해서 일어나게 될 가능성이 더 높을 수밖에 없다.

문항2. 회사(또는 학교)에서 상을 받았다.

A. 내가 최고의 직원(학생)이었기 때문이다.

B. 내가 중요한 과제를 잘 해결했기 때문이다.

문제는 많은 사람들이 이러한 문제 상황을 낙관성이 아니라 능력의 문제로 오해한다는 데 있다. 사람은 누구든지 장단점을 가지고 있기 마련이다. 문제는 장점(또는 강점)을 가지고 있다고 해서 그러한 장점을 온전히 발휘할 수 있는 것은 아니라는 점이다. 장점을 제대로 활용하기 위해서는 누구든지 실제로 장점을 갖는 동시에 자신이 가진 장점의 가치를 스스로 믿을 수 있어야만 한다. 이것은 오로지 낙관적인 사람만이 실천할 수 있는 일이다. 마지막 문항3을 살펴보자.

> **문항3. 내가 리더로 있는 팀의 프로젝트가 대성공을 거두었다.**
> A. 내가 리더로서 팀원들을 잘 이끌었기 때문이다.
> B. 팀원들 모두가 합심해서 최선을 다했기 때문이다.

이 문항을 본 사람들은 크게 두 부류로 나뉜다. 한 부류는 이 문제에 정답이 존재한다고 믿는 사람들이다. 이러한 사람들은 주로 그 정답이 B라고 생각한다. 한편, 낙관적인 사람들은 이 문항에 대해 정답이 존재하는 문제가 아니라 선택의 문제라고 인식한다. 그리고 대부분의 사람들이 이 문제에 대해 B를 선택한다는 것을 잘 안다. 우리도 한때 정답이 B라고 믿고 살아갔던 적이 있기 때문이다. 하지만 인생이라는 학교에서 낙관성의 원리를 터득한 다음부터는, 지혜롭게 행동하기만 한다면 B를 선택할 때에 비해 A를 선택할 때 자신의 삶에서 좋은 일이 더 많이 일어난다는 것을 믿게 되었다.

겸손의 미덕에 대한 오해
—

낙관성에 관한 설명을 접한 사람들이 가장 많이 하는 반문 중 하나는 "그렇다면, 낙관적인 사람들은 겸손의 미덕을 모르는 사람인가요?"다. 이러한 의문을 해소하기 위해 '겸손'의 정의를 짚고 넘어갈 필요가 있다. 겸손의 미덕에 대해 이야기하기 위해서는 먼저 겸손과 위선을 구분하는 작업이 필요하다. 왜냐하면 많은 사람들이 겸손과 위선을 혼동해서 사용하기 때문이다.

백조 타입이라고 부르는 행동 유형이 있다. 백조는 수면 위에 고고하게 떠있는 것 같은 우아한 인상을 주지만, 수면 아래에서 오리처럼 끊임없이 자맥질을 한다. 사람이라면 누구나 세상 사람들의 인정과 칭찬을 받기 바라는 욕구를 가지고 있다. 하지만 비관적인 사람들은 인정받고 칭찬받고 싶은 욕구를 드러내는 것이 모난돌이 정 맞는 것 같은 일을 초래할까 봐 그러한 욕구를 숨기고 마음과 다르게 표현하는 경향이 있다. 그 경우, 속과 겉이 다른 모습을 보인다는 점에서 겸손한 것이 아니라 위선적인 것이라고 할 수 있다. 따라서 겸손의 미덕은 오로지 낙관적인 사람만 성취할 수 있는 덕목에 해당된다.

겸손과 위선의 차이를 이해하는 데는 이론적인 설명보다는 사례를 확인하는 편이 훨씬 더 좋을 것 같다. tvN에서 스타 강사들의 공부 비법 특강이 방영된 적이 있다.[4] 이 방송은 고3 수험생과 그들의 학부모를 위해 전설의 스타 강사들이 자신들의 학습법을 소개하는 내용이었다. 그 중 수능 화학과목 스타강사인 백인덕은 방송에서 자신의 일화를 다음과 같이 소개했다.

어린 시절 그의 집안은 찢어지게 가난했다. 여섯 식구가 좁은 방 한 칸에 살았는데, 그 방 안에서 모든 식구가 잠을 자기 위해서는 6명이 동시에 차곡차곡 누워 잠들어야만 했다. 추운 어느 겨울 날, 그 단칸방에 도둑이 들었다. 도둑이 다녀간 날 아침에 그의 어머니는 재미있는 이야기를 한다는 듯이 웃으며 "우리 집에 도둑이 들었다"라고 말했다. 그러자 식구들은 의아해하며 물었다. "어떻게 알았어요? 방 안에 훔쳐 갈 것도 별로 없는데…." 그제야 어머니는 식구들에게 간밤에 있었던 일을 들려줬다. 도둑이 들었던 날 밤, 도둑은 정작 방 안 들어갈 수 없었다. 방문을 열었을 때, 여섯 식구가 방 안 가득 들어차있어서 발을 들여놓을 수조차 없었기 때문이다. 그래서 열린 방문으로 찬바람이 들어와 놀라 깬 어머니가 "누구요?"라고 물으니 도둑은 잠시 문 밖에 서서 어쩔 줄 몰라 하다가 그냥 가버렸다는 것이다.

백인덕은 방송에서 이 일화를 소개하면서 다음과 같이 덧붙였다. "지금은 다 잘돼서 너무나 잘살고 있어요. 좋은 집에, 좋은 차에, 좋은 옷에…." 그리고는 자신이 입은 옷을 손으로 집어 드러내 보이면서 "명품입니다. 안경도 명품이고요. 무엇보다 사람이 명품이지만."

놀랍게도 백인덕은 당시 교육방송에서 금기시된 표현을 대놓고 사용했다. 흔히 명품 자랑을 하는 사람을 된장녀, 된장남이라고 부른다. 그는 방송에서 명품 자랑을 했다. 하지만 이 방송이 나간 다음에 사회적으로 물의가 일지는 않았다. 오히려 스타강사로서 인기가 더 치솟았을 뿐이었다. 낙관적인 사람이 지혜롭고 유머러스하게 인정받고 칭찬받고 싶은 욕구를 표현하는 한 사회적으로 문제가 되지 않기 때문이다. 바로 그렇기 때문에 낙관적인 사람은 사회적으로 물의를 일으키지 않으면서도 자신에게 더 큰 기쁨을 주는 길을 찾아간다.

물론 명품을 선호하고 안 하고는 취향의 문제다. 그러나 명품을 쓰는지 여부보다 더 중요한 문제는 백인덕의 표현을 빌리자면 '사람이 명품인가' 하는 점이다. 백인덕 사례는, 명품을 착용한 사람이 모난 돌이 정 맞을까 봐 아닌 척하는 것은 겸손의 미덕에 해당되는 것이 아니라 위선에 해당된다는 점을 강조하기 위해 소개한 것이다.

겸손이 필요한 순간과 낙관성이 필요한 순간
—

낙관적인 사람은 겸손의 미덕이 필요한 상황과 낙관성이 발휘되어야 할 상황을 지혜롭게 구분한다. 이때 이 둘을 구분하는 중요한 기준 중 하나는 바로 문제의 초점이 '나'인가 아니면 '남'인가 하는 점이다. 만약 내가 다른 사람을 평가하는 상황이라면, 겸손의 미덕이 필요하다. 이러한 상황에서 내 의견을 당사자의 의견(또는 다른 사람들의 의견)보다 앞세우는 것은 겸손하지 못한 행동이 된다. 이와는 달리 객관적인 근거를 갖고서 사실을 말하는 한, 내가 어떤 사람인지를 소개할 때는 낙관성을 발휘하는 것이 중요하다. 이때는 다른 사람들이 어떻게 생각하든지 내가 자신에 대해서 갖고 있는 믿음을 얼마든지 말해도 된다. 지혜롭게 처신하는 한, 낙관성의 미덕이 누군가의 삶에 걸림돌이 될 일은 없다. 반면에 낙관성의 미덕이 필요한 상황에서 겸손한 척하는 것은 행복해지는 데 도움이 되는 것이 아니라, 오히려 위선의 함정에 빠질 수 있다.

예를 들어, 회사에서 상을 받는 상황을 떠올려보자. 객관적인 평가에 의해 공로를 인정받아 상을 받는 것이라면, 이러한 상황에서 수상 소감을 말할 때는 낙관성의 미덕이 필요하다. 비관적인 사람들의 흔한 레퍼토리 중 하나인 '별로 한 것이 없는데 많이 도와주셔서 상을 받게 되었다'는 식의 소감은 역설적이게도 수상 제도의 치명적인 오류를 지적하는 말이다. 물론 당사자는 겸손한 인상을 주기 위해 또는 다른 사람들을 배려하는 마음에서 한 말일 수도 있다. 그러나 그러한 식의 소감은 다음의 세 가지 문제를 가지고 있다.

첫째, 그러한 수상 소감은 회사의 포상자 선정 과정에 문제가 있다고 주장하는 셈이 된다. 왜냐하면, 별로 한 것이 없는 사람에게 상을 준 것이 되기 때문이다. 만약 심사가 객관적으로 이뤄졌고 회사의 포상 제도에 문제가 없다면, 그러한 주장은 그 자체로 잘못된 메시지를 전달하는 셈이 된다.

둘째, 다른 사람들을 배려하는 마음에서 비롯된 수상 소감이라 하더라도, 결과적으로는 타인에 대한 부정적인 인식을 은연중에 드러낼 수밖에 없다는 점이다. 만약 시상이 객관적인 평가를 기반으로 한 것이라면, 그러한 수상 소감은 기꺼이 축하해줄 마음의 준비를 하고 있는 사람들을 마치 다른 사람의 성공을 시기하는 속 좁은 사람으로 만들어버릴 위험이 있다.

셋째, 만약 본인이 세상 사람들로부터 인정받고 칭찬받는 것을 즐기는 사람이라면, 그러한 수상 소감은 겸손이 아니라 위선에 해당된다. 수상을 기뻐하는 속마음을 숨기고 마치 스스로 기뻐하지 않는 것처럼 말하는 셈이 되기 때문이다.

2004년에 여배우 일레인 스트리치(Elaine Stritch)가 미국 최고의 TV 프로그램을 선정하는 시상식에서 에미상(Emmy Awards)을 받으면서 남겼던 소감은 낙관적인 사람이 인생을 즐기는 모습을 잘 보여준다.[5] 그녀는 수상을 위해 무대에 오른 뒤 박수 치는 관객들을 향해 박수는 시간만 잡아먹으니 박수 치지 말라고 두 손을 저으면서 다음과 같이 소감을 말했다.

"제 말에 집중해주세요. 만약 오늘 밤 저에게 일어난 일 그리고 제 속 마음을 드러내지 못한다면 제가 어떻게 해야 할지 모르겠어요. 술을 안 마시려고 노력 중인데 젠장 … (관객들의 박수) … 저와 같이 후보자 리스트에 올랐던 사람들을 보세요. 그 쟁쟁한 명단을 살펴보세요. 오늘 밤 정말 기뻐요. 그 사람들이 상을 안 타서 정말 기뻐요. 그 사람들 중 아무도 상을 못 받았어요. 제가 받았죠. 제 말 좀 들어보세요. 저는 다른 사람들이 하는 칭찬을 스스럼없이 받아들이는 데는 서툰 편이예요. 사실, 문제가 좀 있죠. 하지만 오늘 밤은 마음껏 하세요. 이 사람들 덕분에 상을 받게 돼서 정말 기뻐요. 쉴라 네빈스, 존 호프먼, 찰스 크리스프 알브레히트, HBO의 모든 분들이 정말 일을 잘해냈다고 생각해요. 계속 이름을 나열할 텐데 시간되었을 때 저를 무대에서 끌어내리면 돼요. 존 슈라이버, 페니 베이커, 릭 보루타, 내 사랑 마조리 맥도날드, 샬로타 프리먼, 스캇 샌더스, 사실 별로 좋아하진 않는데 그가 돈을 구해왔어요. 그래서 쇼를 할 수 있었어요. 그러니 오늘만큼은 그를 사랑해요. 누가 와서 끌어내리기 전까지는 여기서 안 움직일 거예요. 아마 여러분은 모르실 거예요. 제가 얼마나 기쁜지 정말 모를 거예요."

피아니스트 오스카 레반트(Oscar Levant)는 겸손에 관해 "나는 결코 내 재능이 필요로 하는 것 이상으로는 겸손해하지 않는다"[6]라고 말했다. 명확하게 이야기하자면, 객관적으로 자신의 재능을 인정받을 수 있는 범위 내에서는 굳이 다른 사람들의 눈치를 보면서 겸손한 척하기보다는 자신의 재능이 선사해주는 기쁨을 향유하는 것이 더 낫다는 것이다.

좋은 일은 최대로, 안 좋은 일은 최소로
—

지금까지 살펴봤듯이 낙관적인 사람은 비관적인 사람보다 좋은 일은 더 많이 경험하는 동시에 나쁜 일은 더 적게 경험하게 된다. 그 이유가 단순히 낙관적인 사람은 비관적인 사람보다 운이 좋아서는 아닐 것이다. 그보다는 낙관성이 삶이 그런 방향으로 진행될 수밖에 없도록 생각을 조직화하는 동시에 행동으로 옮기게끔 만들기 때문이다. 따라서 살아가면서 후회를 최소화할 수 있는 최고의 전략은 바로, 낙관성이라고 할 수 있다.

물론 낙관적인 사람이라고 해서 후회를 전혀 안 하는 것은 아니다. 인간인 이상 후회를 안 하면서 살 수는 없다. 왜냐하면 인간의 삶에서 전체 후회의 총량은 시간이 흐를수록 증가할 수밖에 없기 때문이다. 이러한 상황에서 인간이 취할 수 있는 최고의 전략은 시간이 지날수록 후회의 증가율을 낮추는 것이다.

낙관성 전략을 취할 경우, 삶에서 후회가 계속해서 증가해나가

다가 어느 순간부터는 점진적으로 줄어드는 형태(일명: 로그 함수)를 만드는 것이 가능하다.[7] 예컨대, 처음 10년간의 후회 횟수가 나머지 90년에 걸쳐서 후회하게 될 횟수와 같아지게 할 수 있다는 것이다. 이런 점에서 인간의 삶이 추구할 수 있는 최고의 지향점은 후회하지 않는 것이 아니라, 시간이 지날수록 점진적으로 후회를 줄여나가는 것이다.

앞으로 꾸준히 낙관성을 증진하기 위한 훈련을 해보기 바란다. 그 요령은 다음과 같다. 어떤 사건이 발생했을 때 그것이 혹여 부정적인 감정을 경험하게 하는 사건일지라도, 낙관성의 관점에서 그 사건을 해석하는 연습을 하는 것이다. 다음의 예시가 낙관성 훈련에 대한 이해를 도울 수 있을 것이다. 만약, 당신에게 다음과 같은 상황이 벌어졌을 때 어떻게 반응할 것인지를 떠올려보자.

지하철을 타고 약속 장소로 이동하다가
원래 하차해야 하는 역을 지나쳐 약속 시간에 늦게 되었다.

만약 지금까지 해당 사건에 대한 자신의 자연스러운 반응이 "짜증나. 나는 맨날 이 모양이야!"였다면 그대로 답하면 된다. 이러한 반응이 꼭 낙관적인 것이 아니라 하더라도 상관없다. 당분간은 어떤 일이 일어나든 간에 자연스러운 반응을 하던 대로 하면 된다.

다만 낙관성 훈련 차원에서, 자연스러운 반응을 한 다음에 뒤이어 조금만 더 낙관적인 해석을 덧붙이는 것이다. 앞의 예에서 상대적으로 조금 더 낙관적인 해석은 "방심하다 보니, 실수했네. 다음에는 조금 더 신경 써야지!"가 될 것이다. 낙관성 훈련이 거듭될수록 긍정적인 사건이든 부정적인 사건이든 당신의 자연스러운 반응이 처음보다는 점점 더 낙관적으로 변해갈 것이고, 뒤이어 덧붙이는 낙관적인 해석 역시 더욱더 자연스러워질 것이다. 그러니 꼭 실천해보자.

송해의 낙관성

낙관성에 대한 이해를 돕기 위해 한국인이면 누구나 익히 알고 있을만한 사람의 이야기를 소개하겠다. 바로 송해다. 그는 낙관성의 교과서에 해당될만한 사람 중 하나다.

송해는 황해도 출신의 코미디언, 가수 그리고 MC다. 잘 알려진 것처럼 그는 현역 방송인 중 국내에서는 최고령이다. 이미 90세가 넘은 나이에도 여전히 〈전국노래자랑〉의 MC를 맡고 있고, 65년간 부인과도 금슬 좋기로 유명했다.

하지만 만약 누군가가 송해의 이러한 삶을 부러워하면서 "선생님은 참 운이 좋으신 분 같아요"라고 말한다면, 아마 그는 펄쩍 뛸 것이다. 왜냐하면 그는 6·25 때 부모님 그리고 가족과 생이별했을 뿐만 아니라, 사랑하는 외아들을 불의의 오토바이 사고로 먼저 떠나보내는 불운을 겪었기 때문이다.

대학생이었던 외아들이 사고가 날 것을 염려해 오토바이를 절대 못 타게 말리고 아내가 자신 몰래 사줬던 오토바이를 부숴버리기까지 했지만, 아들은 결국 아내가 몰래 사준 두 번째 오토바이를 타고 가다가 빗길에 교통사고로 사망했다.[8]

보통 비관적인 사람들은 이러한 비극적인 사건을 겪으면 비극이 더 깊어지는 방향을 선택하는 경향이 있다. 사고의 책임 소재를 두고서 가정불화를 겪다가 이혼하기도 한다. 하지만 송해의 낙관성은 비극적인 사건이 일어나는 것을 원천적으로 막을 수는 없었을지라도, 이미 일어난 비극이 또 다른 비극을 낳는 것은 막을 수 있었다.

외아들을 떠나보낸 송해가 아내에게 화를 내지 않았던 것은 아니다. 그 또한 외아들을 떠나보낸 직후 아내를 원망하고 미워하기도 했다. 하지만 북에 두고 온 어머니가 자식인 자신을 잃었을 때의 심정과 외아들을 잃은 아내의 심정이 같다는 것을 깨달은 후부터는 아내에 대한 원망이 아니라 안쓰러움과 고마움을 바탕으로 세상의 풍파를 함께 헤쳐나가기 위해 노력했던 것으로 보인다.

송해는 1·4 후퇴 때 혈혈단신으로 남쪽으로 내려온 실향민이었다. 생활기반이 없어서 무척 어렵게 생활했고, 축하해줄 가족이 없어서 결혼식도 올리지 못한 채 아내와 63년을 살았다. 그래서 90세 기념으로 사랑하는 아내를 위한 결혼식 이벤트를 열었는데, 이 자리에서 그는 아내에게 "평생을 갚아도 모자랄 만큼 빚을 지고 살아 왔소"라는 사랑 고백을 했다.

물론 송해도 좌절을 경험한 적이 전혀 없었던 것은 아니다. 아들을 먼저 떠나보내고 실의에 빠져 자살을 기도한 적도 있었다. 하지만 마치 프리드리히 니체(F. W. Nietzsche)가 "나를 죽이지 못한 것이 나를 강하게 만든다"[9]라고 말했던 것처럼, 그러한 좌절의 경험은 그를 더욱 강하게 만들었다.

한 예능 프로그램에서 송해를 포함한 세대별 출연자들을 대상으로 고민을 들어보는 시간을 가진 적이 있었다.[10] 각 연령대별 출연자들이 다음과 같은 고민을 털어놓았다. 먼저, 60대 출연자가 "옛날 같으면 우린 죽을 나이야"라고 운을 뗐다. 그러자 70대 출연자는 "제일 무서운 건 방송국에서 배역을 안 줄까 봐"라고 말했다. 그리고 80대 출연자는 "주변의 친구들 이야기를 들어보면, '아침에 눈을 뜨면 오늘은 어디 가서 무엇을 하며 보내나. 시간은 많고 이거를 어디 가서 보내나… 갈 곳이 없다는 거야'라고 말하면서 어려움을 호소했다. 이때 한 출연자가 송해에게 물었다. "선생님은 고민이 있나요?" 그러자 그는 "나는 희망이 있지. 지금부터 내 마음에 있는 것을 해봐야겠다, 내 시대가 왔다, 이렇게 생각해"라고 답해 출연자들로부터 박수를 받았다. 이것이 낙관적인 사람이 생각하고 실천하는 방식이다.

때로는 암흑의 시대를 살아내야 하는 경우도 있다. 이런 경우 낙관적인 사람 역시 시대의 소용돌이에 휘말리게 되는 것은 불가피할 것이다. 일제강점기에 독립군투사이자 혁명가로서 불꽃처럼 살다간 김산(金山)이 남긴 말은 시대의 비극 속에서 개인에게 허락된 최선의 삶이 무엇인지 잘 보여준다. "나의 전 생애는 실패의 연속이었다. 하지만 하나의 승리만큼은 간직할 수 있었다. 그것은 나 자신에 대한 승리다."[11]

4강

스트레스의 미로에서
벗어나기

"질병은 인생을 깨닫게 해주는 위대한 스승 중 하나다"[1]라는 격언이 있다.

만병의 근원이라 불리는 감기도 마찬가지다. 유행성 독감이 아닌 일반 감기의 경우, 열, 기침, 콧물, 재채기 등과 같은 급성 증상을 일으키지만 보통 1주일 내에 자연적으로 사라진다.[2] 미국 성인의 경우, 연구에 따라 편차는 있지만 대체로 1년에 3~4회[3] 또는 2~5회[4] 정도 감기에 걸리는 것으로 나타났다. 한국인의 경우에도 한 제약회사에서 성인 남녀 3천 명을 대상으로 조사한 결과에 따르면, 1년에 약 3회 정도 감기에 걸리는 것으로 나타났다.[5]

이러한 자료를 바탕으로 앞서 답했던 감기 관련 문항을 다시 살펴보자.

● 지난 3년간 감기에 걸린 횟수는?(단, 독감이 아니라 일반적인 감기를 말함)
① 0회   ② 1~2회   ③ 3~4회   ④ 5~6회   ⑤ 7~8회 이상

감기 관련 문항의 응답 결과는 행복한 삶과 관련해 중요한 시사점을 준다. 감기와 행복은 '역(逆)의 관계' 즉 서로 반대되는 관계에 해당된다. 다시 말해, 행복할수록 감기에 더 적게 걸린다는 것이다. 물론 감기에 안 걸린다고 해서 반드시 행복한 삶을 사는 것이라는 뜻은 아니다. 강인한 체질을 타고난 사람은 행복 여부와 무관하게 감기에 안 걸릴 수 있기 때문이다.

만약 당신이 평균적으로 1년에 약 3회 정도 감기에 걸리는 사람이라면 감기 관련 문항에 대해 보기 항목 중 ⑤번을 선택했을 것이다(연간 3회×3년=9회). 만약 그렇다면, 당신이 조금 더 행복해지기 위해 노력해야 할 방향은 감기에 걸리는 횟수를 지금보다 조금씩 줄여나가는 것, 즉 ④번 상태가 되는 것을 목표로 삼는 것이다. 만약 ④번을 선택했다면, ③번 상태가 되는 것을 목표로 삼고 ②번을 선택했다면 ①번 상태가 되는 것을 목표로 삼으면 된다. 또 만약 ①번을 선택했다면 ①번 상태를 가능한 한 오랫동안 유지하는 것을 목표로 삼으면 될 것이다.

여기서 중요하게 고려해야 할 사항이 두 가지 있다. 첫째, 감기에 걸리거나 안 걸리거나 하는 문제는 단순히 생각만으로 해결되는 문제가 아니라는 점이다. 스스로 감기에 안 걸리는 사람이라고 굳게 믿는다고 해서 실제로 감기에 안 걸릴 수 있는 것은 아니다. 감기 자체는 내 생각과는 독립적으로 존재하는 객관적인 현상이기 때문이다. 실제로 지금보다 감기에 더 적게 걸리거나 안 걸리기 위해서는 현재 생활하는 모습 자체가 달라야 한다.

둘째, 감기 문제를 포함해 행복의 문제는 다른 사람의 모습과 내 모습을 비교하기보다 나 자신의 모습에 초점을 맞추는 것이 중요하다는 점이다. 다시 말해, 감기 관련 문항은 과거의 내 모습보다는 현재의 내 모습이 더 낫고, 현재의 내 모습보다는 미래의 내 모습이 더 나아질 수 있도록 노력하는 형태로 활용해야 한다는 점이다.

감기와 행복의 상관관계에 관한 연구의 심리학적 의미
—

'행복의 심리학' 강의를 진행하다 보면, 행복한 사람일수록 감기에 더 적게 걸린다는 사실에 의문을 갖는 사람들을 자주 만나게 된다. 많은 사람들이 행복과 감기는 별개의 문제라고 생각하기 때문이다. 따라서 이쯤에서 행복과 감기의 관계를 먼저 정리하고 넘어가는 것이 좋을 것 같다. 심리학의 강점 중 하나는 현실적인 문제들을 사변적인 논쟁이 아니라 경험적인 증거를 바탕으로 답안을 도출해낸다는 점이다. 이러한 점은 행복과 감기의 관계에도 마찬가지로 적용할 수 있다.

카네기멜론(Carnegie Mellon)대학의 심리학자인 셸던 코헨(Sheldon

Cohen)과 동료들은 행복과 감기의 관계를 규명하기 위한 경이로운 연구를 진행했다.[6] 300명이 넘는 성인 남녀를 격리 수용한 상태에서 코감기 바이러스를 직접 주입했을 때 행복감 수준에 따라 감기에 걸리는 양상이 어떻게 달라지는지를 조사한 것이다.

코헨과 동료들은 연구를 위해 18세에서 54세 범위의 성인 남녀 334명을 모집했다. 이들에게는 6일간 일상생활에서 격리된 형태로 진행되는 심리학 실험에 참여하는 대가로 약 100만 원의 사례비가 지급됐다. 연구참여자들을 행복도에 따라 상, 중, 하 세 집단으로 구분하기 위해, 실험이 진행되기 전 약 6주에 걸쳐 전화인터뷰와 자기보고식 검사를 모두 일곱 차례 실시했다. 이렇게 여러 차례 검사를 반복한 이유는, 어느 한 시점의 기분 상태에 영향을 받는 행복도 점수가 아니라 안정적인 지표로서의 행복도 정보를 얻기 위해서였다. 이 연구에서 행복도는 연구참여자가 얼마나 열정적이고 활력이 넘치며 쾌활하고 정서적 웰빙을 경험하면서 생활하는지를 기준으로 평가됐다.

연구진은 참여자들을 격리 수용한 첫날, 높은 농도의 코감기 바이러스를 투입했고 그 후 5일 동안 그들의 변화를 관찰했다. 연구참여자들을 행복도에 따라 상, 중, 하 세 집단으로 나누었을 때, 감기에 걸리는 빈도 면에서 분명한 차이를 나타냈다(〈그림2〉 참조). 높은 수준의 행복감을 경험하는 집단이 중간 수준의 행복감을 경험

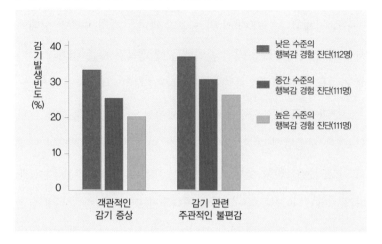

〈그림2〉 코헨의 감기에 걸리기 쉬운 정서 유형 연구

하는 집단보다, 그리고 중간 수준의 행복감을 경험하는 집단이 낮은 수준의 행복감을 경험하는 집단보다 감기에 걸리는 빈도가 더 적었다. 감기 발생 빈도에서의 이 세 집단 간 차이는 행복도 이외의 다른 심리·사회적 조건 및 의학적 조건들과는 무관한 것으로 나타났다.

나중에 코헨과 동료들은 또 다른 성인 193명을 대상으로 이 실험 결과를 반복 검증하는 데도 성공했다. 특히 그들은 이 후속 연구를 통해 행복도가 일반 감기뿐만 아니라 A형 인플루엔자에 의한 독감의 발생 빈도에도 유사한 효과를 나타낸다는 점을 규명했다.[7] 놀랍게도 코헨과 동료들의 열정은 연구참여자들에게 '독감 바이

러스'를 주입하는 실험조차도 기관생명윤리심의위원회의 승인을
이끌어냈다.

감기와 행복의 심리학

감기에 걸리는 원인은 크게 두 가지를 들 수 있다. 하나는 바이러
스다. 감기의 가장 대표적인 병원체는 코감기 바이러스인 라이노
바이러스(Rhinovirus)다.[8] 그런데 바이러스에 노출된다고 해서 곧바
로 감기에 걸리는 것은 아니다. 특별한 독감 바이러스를 제외하면,
보통 감기바이러스는 공기 중에 포함되어있기 때문에 사람들은 늘
감기바이러스에 노출된 상태에서 생활하고 있다.

일반적으로 바이러스에 노출되는 동시에 면역기능도 저하될 때
감기에 걸린다. 그러므로 감기에 걸리는 원인은 바이러스와 면역
기능 저하 두 가지이지만, 그 중 결정적인 원인을 한 가지 고른다
면 그것은 면역기능이 저하된 것이라고 할 수 있다. 마찬가지로 불
행한 사람은 감기에 더 취약하고 행복한 사람은 감기에 더 적게 걸
리는 이유 역시 바로 면역기능과 밀접한 관계가 있다. 코헨과 동료
들은 후속 연구를 통해 행복한 사람들에 비해 불행한 사람들은 각
종 염증을 유발하는 인터류킨6(interleukin6: IL-6)이라는 단백질 수
준이 더 높은 것을 발견했다.[9]

감기와 관련된 유명한 속담 중에 "그냥 두어도 7일이면 낫고, 치료하면 1주일에 낫는다"[10]는 말이 있다. 이처럼 감기는 자연적으로 치유될 수 있는 대표적인 질환이다. 하지만 보건복지부에 따르면, 전국의 성인 남녀 1천 명을 대상으로 조사한 결과 '항생제 복용이 감기 치료에 도움이 된다'고 답한 사람이 무려 56.4%에 달했다.[11]

하지만 감기를 치료할 때 항바이러스제를 사용하는 것은 사실상 감기 증상을 직접 치료하는 데는 큰 효과가 없다.[12] 보통 일반 감기의 경우 증상이 처음 나타나 최고조에 달하는 시간은 3일을 채 넘기지 않는다. 따라서 감기 증상이 절정에 도달할 즈음에 병원을 방문해 항바이러스제를 투약하면, 어차피 증상이 하강 국면으로 접어드는 시점이 되기 때문에 투약에 따른 실질적인 치료 효과를 기대하기 어렵다. 감기 증상이 시간이 지남에 따라 자연스럽게 사라진 것인지 아니면 투약으로 감기 증상이 경감된 것인지 구분하는 것이 힘들기 때문이다. 이러한 상황에서는 냉수만 마셔도 마치 기적의 치료 효과가 나타나는 것처럼 보일 수 있다.

더구나 감기바이러스는 종류가 대단히 많기 때문에 그 많은 종류의 감기바이러스들을 동시에 치료할 수 있는 치료제는 아직까지 개발되지 않았다. 이처럼 감기는 사실상 마땅한 치료제가 존재하지 않는다. 따라서 가능한 한 안 걸리려고 노력하는 것이 최선이다.

일반적으로 사람들은 1년에 세 차례 정도 감기에 걸리면서 살아가는 것을 별로 대수롭지 않게 여기는 경향이 있다. 하지만 앞서 언급한 것처럼, 감기에 걸리는 빈도는 행복의 문제와 관련해 중요한 시사점을 준다. 감기에 주기적으로 걸리는 생활을 하고 있다면, 지금보다 조금 더 행복해지기 위해서는 감기에 걸리는 횟수를 줄이려고 노력할 필요가 있다.

1년에 평균 세 차례 감기에 걸리는 경우, 이러한 수치는 평균 범위에 해당된다는 점에서 정상적인 삶을 살고 있다고 할 수 있다. 따라서 그 자체로는 별로 문제될 것이 없다. 하지만 그럼에도 불구하고 그러한 사람이 충분히 행복한 삶을 살고 있다고 말하기는 어렵다. 감기에 안 걸리거나 보통 사람보다 감기에 적게 걸릴 정도로 행복한 삶을 살고 있는 것은 아니기 때문이다.

이 문제를 조금 더 실감나게 이해할 수 있도록 '평균 수준으로 감기에 걸리면서 살아가는 삶'이 어떤 것인지를 살펴보도록 하자. 현재 20세인 철수의 기대수명이 100세라고 가정해보자. 철수는 앞으로 80년을 더 살 수 있을 것이다. 그런데 철수는 지극히 평균적인 삶을 살고 있어서 연간 세 차례 정도 감기에 걸린다. 보통 감기는 7일 정도 일상생활과 신체 컨디션에 부정적인 영향을 준다. 따라서 감기에 걸려 고통받는 동안에는 온전한 형태의 행복감을 경험하기 어렵다. 그렇다면, 철수는 80년간 매년 세 차례씩 7일에 걸쳐 불행한 삶을 살게 될 것이다. 결국 추산을 해보면, 철수는 무려 1,680일(80년×3회×7일), 즉 '일생 중 4년 반'이라는 짧지 않은 기간을 불행하게 살게 되는 것이다.

영국의 여왕 엘리자베스 1세(Elizabeth I)는 죽기 직전에 다음과 같은 말을 남겼다. "한 순간만 더 살 수 있다면, 내가 가진 모든 것을 내놓을 텐데."[13] 엘리자베스 1세가 영국을 '해가 지지 않는 나라'로 만들었던 장본인이라는 점을 고려해보면, 이 말만큼 인생에서 하루의 가치를 잘 보여주는 명언을 찾기란 쉽지 않다. 이처럼 평균적으로 감기에 걸리면서 살아간다는 것은 이토록 '가치 있는 하루'를 무려 1,680번 허비하는 셈이 된다. 아마도 기관생명윤리심의위원회에서 코헨과 동료들의 연구 프로젝트를 승인한 이유 역시 해당 연구 결과가 인류의 복지에 기여할 가능성을 고려했기 때문이었을 것이다.

스트레스의 지옥에서 벗어나는 방법

그렇다면 감기에 걸리는 것을 최소화할 수 있는 방법은 무엇일까? 다음에 소개하는 쥐 실험은 감기에 걸리는 것을 최소화할 수 있는 심리학적인 비결을 잘 보여준다.

서울대학병원의 암 연구소에서는 스트레스가 생체에 미치는 영향을 확인하기 위해 실험용 쥐를 활용한 흥미로운 실험을 진행했다.[14] 이 실험에서 연구진은 같은 조건에서 양육된 실험용 쥐들을 두 집단으로 나눠 바닥에 전기충격 장치가 포함된 투명한 유리 상자에 넣었다. 그 후 한 집단에는 일정 시간마다 심각한 고통을 유발하는 전기충격을 주고 또 다른 집단은 투명한 유리창을 통해 맞은편 실험용 상자에 있는 쥐를 관찰할 수 있도록 배치했다.

관찰조건의 쥐들이 들어간 실험용 유리 상자의 구조는 한 가지를 제외하고는 전기충격 조건의 쥐들이 들어간 것과 동일했다. 실험이 진행되는 동안 단 한 차례도 전기충격이 주어지지 않는 것이다. 이 실험에서 전기충격은 쥐가 어떤 행동을 하더라도 50볼트(V)의 강도로 매 2분마다 10초 간격으로 주어졌다. 이렇게 한 이유는 '전기고문이 끝없이 지속되는 지옥'을 연출할 수 있기 때문이다. 더욱이 전기충격 조건의 쥐들은 이러한 지옥이 도대체 얼마 동안이나 지속될지 예상조차 할 수 없었다.

이쯤에서 한번 실험 결과를 예측해보자. 하루 종일 셀 수도 없을 만큼 전기충격을 받았던 쥐들과 오로지 유리창 너머로 고통받는 동료 쥐들을 계속 관찰하기만 했던 쥐들 중 어느 쪽이 스트레스로 인해 더 큰 문제를 겪게 될까? 설명을 읽기 전에 먼저 답을 선택하고 그 이유에 대해서도 생각을 정리해보라.

16시간 동안 실험을 진행하자, 결과는 분명해졌다. 실험 전 대다수의 예상과는 반대로 극심한 스트레스로 인해 먼저 탈진을 해 버린 것은 무려 480회에 걸쳐 전기충격을 받았던 쥐들이 아니라 바로 관찰조건의 쥐들이었다. 전기충격 조건의 쥐들은 전기고문이 가해질 때마다 엄청난 고통을 겪으면서도 조금이라도 충격을 피하기 위해 계속해서 펄쩍펄쩍 뛰어오르면서 안간힘을 썼다. 이에 비해, 관찰조건의 쥐들은 실험 초반부에는 겉으로 보기에는 그다지 커다란 고통을 겪지 않는 것처럼 보였다. 하지만 후반부에 관찰조건의 쥐들은 더 이상 고통스러워하는 동료 쥐들의 모습을 보지 못하겠다는 듯이 구석으로 가서 무기력한 모습으로 웅크린 채 벌벌 떠는 모습을 보였다.

실험 중 쥐들이 경험하는 고통의 정도를 평가하기 위해 두 시간마다 혈액을 채취해서 스트레스 호르몬의 양을 측정했다. 스트레스 호르몬 수준이 높을수록 고통을 더 크게 경험하는 것으로 해석할 수 있다. 〈그림3〉이 보여주는 것처럼, 전기충격 조건의 쥐들은 실험 초기에는 스트레스 호르몬이 A 수준까지 치솟는 양상을 나타냈다. 전기충격이 그만큼 고통스러웠기 때문이었을 것이다. 하지만 시간이 흐를수록 전기충격 조건의 쥐들은 스트레스 호르몬이 D 수준까지 감소했다.

이에 비해, 관찰조건의 쥐들은 실험 초기에는 스트레스 호르몬 수준이 별로 상승하지 않고 B 수준에 머물렀다. 이처럼 전기충격

〈그림3〉 서울대학병원 암 연구소 '스트레스가 신체에 미치는 영향' 연구 사례

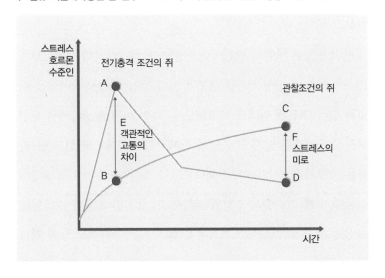

을 받는 동료 쥐들을 관찰하는 것 자체만으로는 그다지 큰 고통을 유발하지 않는 것으로 보인다. 한마디로 남의 일이기 때문이다. 하지만 관찰조건의 쥐들은 후반부로 갈수록 스트레스 호르몬을 분비하는 양이 증가해 스트레스 호르몬이 실제로 전기충격을 받은 쥐들보다 더 높은 C 수준까지 상승했다.

이 실험과 관련된 대표적인 오해 중 하나는 전기충격 조건의 쥐는 신체적인 스트레스를 받은 것이고 관찰조건의 쥐는 정신적인 스트레스를 겪은 것이며, 신체적인 스트레스보다 정신적인 스트레스가 더 해롭다는 식으로 해석하는 것이다. 이러한 해석의 문제는

전기충격 조건의 쥐가 정신적인 스트레스를 경험하지 않는다고 오판하는 데 있다.

한번 입장을 바꿔서 생각해보라. 당신이 매 2분마다 전기고문을 10초씩 받는데다가 이러한 고통이 얼마 동안 지속될지 예상할 수조차 없는 조건에 있다고 가정해보자. 과연 이러한 상황에서 정신적인 스트레스를 받지 않고 오직 신체적인 스트레스만 받게 될까? 물론 그렇지 않을 것이다. 신체적으로나 정신적으로나 관찰조건의 쥐들에 비해 전기충격 조건의 쥐들이 더 극심한 고통을 경험했다는 것은 초반부 스트레스 호르몬 양의 차이를 통해서도 쉽게 확인할 수 있다(〈그림3〉의 E 참조). 쥐 실험 결과는 삶에서 정말로 문제가 되는 것이 얼마나 심각한 고통을 겪는지 여부가 아니라는 점을 잘 보여준다.

어째서 객관적으로는 낮은 수준의 스트레스를 경험했던 관찰조건의 쥐들이 더 극심한 스트레스를 경험했던 전기충격 조건의 쥐들보다 더 큰 피해를 보게 된 것일까? 관찰조건의 쥐들은 실험이 진행되는 동안 비록 나름대로는 경미한 스트레스로부터 벗어나기 위한 시도를 했을지라도 실제로는 단 한순간조차도 그러한 스트레스로부터 벗어나지 못했다. 그 결과, 관찰조건의 쥐들은 경미한 스트레스를 받았지만 시간이 흐를수록 무기력감에 빠지게 되었다.

반면에 전기충격 조건의 쥐들은 겉보기에는 단순히 고통에 몸

부림친 것처럼 보일지라도 실제로는 전기충격이 주어질 때마다 힘껏 뛰어올라 찰나의 순간일지라도 실제로 고통을 피할 수 있었다. 더욱이 전기충격 조건의 쥐들은 그다지 우아한 방법은 아닐지라도 또다시 전기충격이 주어지면 어떻게 대처해야 할지까지도 학습할 수 있었다. 전기충격을 받을 때마다 힘차게 뛰어오르는 것이다. 이러한 본능적인 몸짓이 중요한 이유는 무기력감에 빠지지 않게 함으로써 스트레스로부터 유기체를 보호하기 때문이다.

스트레스의 미로

쥐 실험 결과는 스트레스가 신체에 미치는 오묘한 영향력을 잘 보여준다. 관찰조건의 쥐들이 보이는 모습은 마치 '보이지 않는 미로'에 갇혀 길을 잃고 헤매는 것 같은 인상을 준다. 이처럼 스트레스는 때때로 일종의 '미로' 같은 역할을 한다는 점에서 〈그림3〉의 F 부분은 '스트레스의 미로 효과'라고 부를 수 있다.

일반적으로 미로에서는 방문자들이 복잡한 통로들 속에서 출구를 찾지 못해 길을 잃고 헤매게 된다. 여기에서 미로(Maze)와 미궁(Labyrinth)은 다르다는 점에 유의할 필요가 있다. 보통 미궁은 방문자가 계속해서 중심부에 다가갈 수밖에 없도록 설계되므로 사실상 출구가 없다. 따라서 후진해서 출발점으로 되돌아가지 않는 한, 전진하는 방식으로는 미궁에서 탈출하는 것이 불가능하다. 반면에 미로의 경우에는 비록 출구를 찾기 어렵게 설계되어있을지라도, 계속해서 나아가다 보면 결국 언젠가는 출구에 도달할 수 있다.

문제는 설계자가 아닌 이상, 방문자가 미로와 미궁을 구분하기는 쉽지 않다는 점이다. 미로는 마치 미궁 같은 인상을 주기 때문에 방문자가 중간에 탈출하는 것을 포기하게 만들기도 한다. 이러한 점은 스트레스의 미로에서도 마찬가지다.

관찰조건의 쥐들에게 '스트레스의 미로'는 마치 탈출구가 존재하지 않는 '미궁' 같은 인상을 줬던 것으로 보인다. 관찰조건의 쥐들은 무기력감 속에서 탈출하는 것을 스스로 포기해버렸기 때문이다. 이처럼 스트레스의 미로에서는 객관적으로는 더 적은 고통을 유발하는 사건이 실제로 극심한 고통을 유발하는 사건보다 상대적으로 더 큰 스트레스 호르몬을 분비하도록 만들 수 있다.

지금까지 살펴본 쥐 실험 결과를 정리하자면 다음과 같다. 스트레스가 삶을 위협할 때 결정적인 요소는 얼마나 고통스러운 사건을 경험하는가 하는 점이 아니다. 그보다는 스트레스가 유발하는 고통을 단 한 번이라도 제대로 극복한 적이 있는지 여부가 더 중요하다. 주어진 스트레스로부터 온전히 벗어나는 경험을 할 수만 있다면, 스트레스의 미로를 미궁으로 오인하지 않을 수 있으며 무기력감에 빠져들지 않을 수 있다.

하지만 이러한 쥐 실험과 관련해서는 그 결과의 의미를 지나치게 확대 해석하지 않아야 한다. 관찰조건의 쥐와 전기충격 조건의 쥐는 서로 다른 형태의 고통을 겪었기 때문에 스트레스 경험의 효과를 정교하게 비교하는 데 한계가 있기 때문이다. 이런 점에서 '정확하게 동일한 종류의 스트레스를 완벽하게 똑같이' 받았는데도 그러한 스트레스에 어떻게 대처하는가에 따라 결과가 달라지는 것을 확인하는 작업이 필요하다. 다행히 심리학에는 이러한 문제를 해결할 수 있는 방법이 존재한다. 바로 '탈출 가능/불가능 스트레스 패러다임(Escapable/Inescapable Stress Paradigm)'이다.[15]

이러한 연구 방법에서는 실험 과정에서 세 가지 조건을 구성한다. 하나는 '탈출 가능 전기충격 조건'이다. 이 조건에서는 쥐에게 전기충격이 주어지지만 쥐가 지렛대를 누르면 전기충격이 멈추게 된다. 또 다른 조건은 '탈출 불가능 전기충격 조건'이다. 이 조건에서는 쥐에게 전기충격이 주어지지만 쥐가 지렛대를 눌러도 전기충격이 멈추지 않는다. 그 대신 탈출 가능 전기충격 조건의 쥐가 지렛대를 누르면 탈출 불가능 전기충격 조건의 쥐도 더 이상 전기충격을 안 받게 된다. 세 번째는 앞의 두 조건과 결과를 비교할 목적으로 구성하는 '통제 조건'이다. 이 조건의 쥐는 앞의 두 가지 조건의 쥐들과 동일한 실험용 상자에 들어가지만 전기충격을 전혀 받지 않는다.

A. 탈출 가능 전기충격 조건

전기충격 + 지렛대로 탈출 가능

B. 탈출 불가능 전기충격 조건

탈출 가능 전기충격 조건과 동일한 강도, 횟수 그리고 시간만큼 전기충격
+ 지렛대 탈출 불가능
(A 조건의 쥐가 지렛대로 탈출하면 B 조건의 쥐도 전기충격을 받지 않음)

C. 통제 조건

나머지 조건은 동일하지만 전기충격을 전혀 받지 않음

탈출 가능 전기충격 조건의 쥐와 탈출 불가능 전기충격 조건의 쥐는 동일한 강도의 전기충격 스트레스를 받았다. 하지만 탈출 불가능 전기충격 조건의 쥐와는 달리, 탈출 가능 전기충격 조건의 쥐는 스트레스로부터 탈출하는 것이 가능했다. 그 결과, 탈출 불가능 전기충격 조건의 쥐는 학습된 무기력감을 포함해 위궤양과 종양의 악화 등 다양한 스트레스 문제 증상을 나타내지만, 탈출 가능 전기충격 조건의 쥐는 전기충격을 전혀 받지 않은 쥐와 유사한 모습을 나타낸다.

사망률을 높이는 것은 스트레스보다는 무기력감이다

어떤 스트레스의 경우 겉보기에는 미로에서 탈출하는 것이 어려워 보여도 실제로는 쉬울 수 있다. 쥐 실험에서 전기충격 조건의 쥐들이 여기에 해당된다. 사실상 전기충격이 주어질 때 뛰어오르는 것은 본능에 해당된다. 이와는 달리, 또 다른 스트레스의 경우에는 겉보기에는 미로에서 탈출하는 것이 쉬워 보여도 실제로는 어려울 수 있다. 쥐 실험에서 관찰조건의 쥐들이 여기에 해당된다. 관찰조건의 쥐들은 스트레스의 미로 속에서 자포자기하고 말았다. 이처럼 스트레스의 세계에 존재하는 미로를 출구가 없는 미궁으로 오인할 경우, 스트레스는 치명적인 것이 될 수 있다. 하지만 스트레스의 미로에 빠졌을 때, 전기충격 조건의 쥐들이 보여주는 것처럼 무기력감에 빠지지 않고 찰나의 순간일지라도 탈출에 성공한다면 스트레스 그 자체는 더 이상 우리의 삶을 파괴하지 못한다.

이러한 스트레스의 미로 문제는 인간의 삶에도 적용할 수 있다. 평균적으로는 스트레스가 유발하는 고통의 강도가 클수록 삶에서 불리하게 작용할지라도, 극심한 고통을 겪는다고 해서 반드시 그 사람의 삶이 파괴되는 것은 아니다. 이때 결정적인 것은 무기력감 속으로 빠져드느냐 그렇지 않느냐 하는 점이다.

아마도 쥐 실험 결과를 인간의 삶에 그대로 적용하는 데 거부감을 갖는 사람도 있을 것이다. 이런 맥락에서 사람들이 스트레스의 미로에 빠졌을 때, 즉 스트레스로부터 탈출할 수 없다고 오판하게 되었을 때 삶에서 어떤 일들이 벌어지는지 조사한 연구들을 살펴 보자.

미국에서 보스턴 인근 지역에 거주하는 1,293명의 성인 남성을 대상으로 한 표준 노화 연구가 진행됐다.[16] 연구진은 50년에 걸쳐 두 가지 유형의 문제들을 정기적으로 조사했다. 하나는 가족과 사별하거나 병에 걸리거나 실직을 하는 등의 특별한 스트레스 사건 들이었다. 나머지 하나는 일상적으로 경험할 수 있는 과중한 업무, 가계문제, 가사일 등 다양한 골칫거리들이었다. 특별한 스트레스 사건들은 어쩌다 한 번 일어나는 것인 반면 일상적인 골칫거리들 은 거의 날마다 일어나는 것들이었다.

연구 결과, 놀랍게도 커다란 심리적 충격을 주는 특별한 스트레 스 사건들보다도 일상적인 골칫거리들이 사망률에 더 큰 영향을 끼친다는 사실이 드러났다. 심각한 스트레스 사건은 심각하지 않 은 스트레스 사건에 비해 사망률에 더 큰 영향을 주지는 않았다. 오 히려 일상적인 골칫거리들을 만성적으로 경험한 사람들은 그렇지 않은 사람들에 비해 사망률이 약 2.5배 더 높았다. 여기서 중요한 점은 일상적인 골칫거리들을 만성적으로 경험한 사람들은 그러한 사건들을 남들보다 더 많이 경험한 것이 아니라, 성격 특성상 그러한 문제들을 더 골치 아파했다는 점이다.[17] 이러한 결과는 대규모 표본을 활용한 연구에서도 유사하게 나타났다.

미국의 국립건강통계센터에서는 28,753명의 응답자를 대상으로 8년에 걸쳐 지각된 스트레스 수준과 사망률 간 관계를 조사했다.[18] 연구 결과, 단순히 스트레스를 많이 겪는 것만으로는 사망률을 높이지 않는 것으로 나타났다. 반면에 스트레스를 많이 겪는 동시에 그러한 스트레스가 건강을 해친다고 믿었던 사람들의 경우, 사망률이 43%나 증가한 것으로 나타났다. 다시 말해, 스트레스 자체가 사망률을 높이는 것이 아니라 스트레스에 대한 무기력감이 사망률을 높인다는 것이다.

찰나의 순간이라도 스트레스에서 벗어날 것

스트레스가 신체에 작용하는 방식은 '물병 들기'에 비유할 수 있다. 당신이 기구한 사연 때문에 평생 작은 생수병 사이즈의 물병을 들고 서있어야 한다고 가정해보자. 처음 얼마 동안은 물병을 계속 들고 있어도 아무 문제가 없을 것이다. 하지만 시간이 지날수록 점점 더 고통스러워지다가 나중에 가서는 도저히 견딜 수 없는 상태가 될 것이다.

스트레스도 마찬가지다. 대부분의 스트레스도 처음에는 별로 문제가 안 된다. 그러다가 시간이 흐를수록 고통을 가중하고 마침내 신체적으로도 그리고 정신적으로도 탈진을 유발한다. 만약 당신이 기구한 사연 때문에 평생 물병을 들고 서있어야 한다면, 무탈하게 살아갈 수 있는 유일한 방법은 바로 그 물병을 잠시 내려놓았다가 다시 드는 것을 반복하는 것이다. 이렇게 물병을 들었다 놓는 것을 계속 반복하면, 사실상 물병을 계속 들고 서있는 것이나 마찬가지지만 탈진하지 않을 수 있다.

이러한 물병 비유는 스트레스에 대처하는 방법과 관련해 유용한 시사점을 준다. 스트레스의 미로에서 지혜롭게 벗어나는 방법 중 하나는 상징적으로 물병을 잠시 내려놓았다가 다시 드는 일을 반복하는 것 같은 활동을 실천하는 것이다. 그 대표적인 예가 바로 '심호흡(深呼吸)'이다.

심호흡은 핵심 스트레스 관리기법 중 하나다. 이완 훈련을 포함해서 많은 스트레스 대처기법은 심호흡하는 과정을 포함하고 있다.[19] 스트레스 상황에서 심호흡에 온전히 집중하는 경우, 전기충격 조건의 쥐처럼 찰나의 순간일지라도 스트레스로부터 벗어날 수 있다. 단, 심호흡을 할 때는 순리(順理)에 따르는 것이 중요하다. 여기에서 순리에 따른다는 것은 숨을 크게 들이쉴 때는 배가 불쑥 나오고 숨을 크게 내쉴 때는 배가 푹 하고 꺼지는 형태로 심호흡을 하는 것을 말한다.

실험적으로 주변 사람들에게 심호흡을 하라고 한 후, 관찰을 해보라. 의외로 많은 사람들은 심호흡할 때 배가 미동도 하지 않거나, 위에서 언급한 것과는 반대로 숨을 들이 쉴 때 배가 꺼지고 숨을 내쉴 때 배가 나오기도 한다.

스트레스 상황에서 순리에 맞는 형태로 심호흡을 하는 과정에 집중할 수 있다면, 스트레스를 효과적으로 관리하는 데 도움이 된다. 여기에서 중요한 점은 심호흡에 집중함으로써 찰나의 순간일지라도 스트레스로부터 벗어나는 것이다. 많은 사람들은 심호흡을 한다고 해서 스트레스와 관련된 문제가 해결되는 것은 아니기 때문에 이러한 대처 방법의 효과에 의문을 제기하기도 한다. 그럼에도 불구하고 심호흡을 통해 찰나의 순간이라도 온전하게 그리고 실제로 스트레스로부터 벗어날 수만 있다면, 쥐 실험에서 전기충격 조건의 쥐들이 보여주는 것처럼 스트레스의 미로로부터 탈출할 수 있다. 다시 말해서 심호흡을 한다고 해서 해당 스트레스 문제가 해결되는 것은 아니라고 해도, 스트레스가 삶을 파괴하는 것을 예방할 수는 있다는 것이다.

스트레스 대처기법으로서 심호흡은 매우 유용한 것이지만 약점도 존재한다. 예를 들어, 어느 날 직장상사로부터 잔소리를 듣게 되었다고 가정해보자. 이때 스트레스를 받았다고 해서 직장상사의 면전에서 심호흡을 한다고 생각해보라. 당연히 그 사람은 사회생활에 적응하기 어려울 것이다.

다행히 대안이 존재한다. 바로 '괄약근(括約筋)'을 활용하는 것이다. 바로 이 항문 괄약근을 조였다 풀었다 규칙적으로 반복하는 과정에 집중하는 것으로도 심호흡과 유사한 효과를 나타낼 수 있다. 이른바 '케겔 운동(Kegel Exercise)'의 일종이다. 항문을 10초간 수축시켰다가 다시 10초간 풀어주는 것을 반복하는 케겔 운동의 경우, 건강과 삶의 질 모두에 도움을 줄 수 있다.[20]

항문 괄약근을 활용해 스트레스에 대처하는 방법의 장점은 직접 실천해보면 금방 확인할 수 있다. 지금 항문을 10초간 수축시켰다가 다시 10초간 풀어주는 것을 직접 해보라! 항문 괄약근을 활용할 때의 최대 장점은 '감쪽같다'는 것이다. 스스로 말하지 않는 한 아무도 눈치 채지 못하게 실천할 수 있다.

만약 컨디션이 좋지 않다면 항문 괄약근을 활용하는 대신, 자리를 다른 곳으로 옮겨 심호흡을 해보자. 의자나 화장실 변기에 걸터앉은 채로 심호흡을 반복하는데, 1~2분 정도 집중하면 좋다. 두 경우에서 모두 중요한 점은 각 활동에 집중함으로써 찰나의 순간이라도 온전하게 그리고 실제 스트레스로부터 벗어나는 것이다.

요약하자면, 우리는 평생 크고 작은 스트레스를 받으면서 살아갈 수밖에 없다. 그래서 스트레스로부터 자유로워지는 것이 불가능한 것처럼 보이기도 한다. 하지만 3강에서 살펴본 것처럼, 행복한 삶을 위한 네 가지 조건 중 하나는 '스트레스로부터 자유로운 생활을 하는 것'이었다. 여기서 스트레스로부터 자유로워진다는 것은 우리가 스트레스로부터 영원히 벗어나는 것을 뜻하지 않는다. 그보다는 스트레스로부터 '잠시 안녕' 하는 것, 즉 찰나의 순간 일지라도 스트레스로부터 실제로 벗어나는 것이다.

행복의 품격

5강

사랑과 심리적
동화

이 책의 핵심 목적은 행복을 품위 있게 추구하기 위한 심리학적인 방법을 제시하는 것이다. 여기서 행복해지는 방법이 중요한 의미를 갖기 위해서는, 행복한 삶이 노력으로 충분히 바뀔 수 있는 것이어야 한다. 만약 행복한 삶이 마치 조선시대 신분처럼 태어나면서부터 정해져있고 아무리 노력해도 바꿀 수 없는 것이라면, '행복의 기술'은 한마디로 무용지물이 될 것이다. 유전이 행복에 미치는 영향력이 크면 클수록, 그만큼 노력을 통해 행복해질 수 있는 가능성은 줄어들 수밖에 없기 때문이다.

심리학에서 유전의 영향력을 확인하는 가장 널리 알려진 방법 중 하나는, 바로 출생 직후에 서로 다른 가정에 입양된 쌍생아들을 연구하는 것이다. 이러한 접근에서는 출생 이후에 헤어져 서로 만난 적조차 없는 쌍생아들을 오랜 세월이 흐른 뒤에 관찰했을 때, 행동 특성상 유사한 모습을 보이는 경우 이것을 유전의 영향으로 해석한다. 행복에 대한 유전의 역할을 강조하는 이론가들이 근거로 삼는 대표적인 연구 중 하나가 바로 심리학자 데이비드 리켄

(David Lykken)이 진행한 쌍생아 연구다.[1]

쌍생아들의 행복도 연구

리켄은 1996년에 행복과 유전의 긴밀한 관계를 조사하기 위해 무려 1,491쌍의 쌍생아를 대상으로 행복도를 조사했다. 그 결과에 따르면, 함께 자라건 아니면 떨어져서 자라건 간에 이란성 쌍생아들의 행복도 점수 간 상관은 매우 낮았다. 상관은 관계의 정도를 보여주는 지표로서, 값이 클수록 두 변수 사이에 관련성이 높다는 것을 뜻한다. 반면에 함께 자라건 아니면 떨어져서 자라건 간에 일란성 쌍생아들은 행복도 점수 간 상관이 매우 높은 것으로 나타났다.

리켄은 이러한 분석 결과를 바탕으로 행복에서 유전이 차지하는 비율이 44%에서 52%, 즉 거의 절반 수준에 달한다고 말했다. 또한, 사회경제적 수준, 교육 수준, 가계 소득, 결혼 여부, 종교 등 삶의 다른 요인들은 사실상 행복과 거의 관계가 없는 것으로 보인다는 주장을 이어갔다. 쌍생아들의 행복도 연구에 관한 리켄 논문의 대미를 장식한 것은 다음의 주장이었다. "행복해지려고 노력하는 것은 키를 키우려고 시도하는 것만큼이나 헛된 짓이다."[2]

하지만 입양된 쌍생아들을 비교함으로써 유전의 영향력을 연구하는 전통적인 방식은 방법론상 문제가 있다.³ 예컨대, 아이를 입양하는 가정은 보통 양호한 환경을 갖춘 경우가 대부분이기 때문에 환경의 영향력이 축소될 가능성이 높다.

훗날 실제로 리켄은 자신의 저서에서 자신의 '행복과 키 발언'이 데이터로 직접 뒷받침될 수 없는 잘못된 것이라고 직접 고백했다.⁴ 하지만 그의 바람과는 다르게 리켄의 저서에 실린 솔직한 고백보다는 과거 논문 속 잘못된 주장이 전 세계적으로 계속해서 확대 재생산됐다. 왜냐하면 유전학자의 입장에서는 당연히 유전의 영향력이 작다는 것보다는 크다는 주장이 더 매력적일 수밖에 없기 때문이다. 하지만 일반인의 관점에서 본다면, 행복은 타고나는 것이라는 주장보다는 노력을 통해 바꿀 수 있다고 하는 주장이 더 매력적일 것이다.

리켄의 연구가 보여주는 것처럼, 출생 직후 서로 다른 가정에 입양된 쌍생아들을 연구한 결과가 대중들에게 과도한 인기를 끄는 비결 중 하나는, 바로 떨어져서 생활했던 쌍생아들이 보여주는 '놀라운 일치'에 있다. 일례로 쌍생아 짐(Jim) 형제를 살펴보자.⁵

짐 스프링거(Jim Springer)와 짐 루이스(Jim Lewis)는 쌍생아로 태어났지만 스프링거는 친부모와 함께 자란 반면 루이스는 다른 가정에서 자랐다. 39세가 되었을 때 이들은 비로소 재회했다. 놀랍게도 다시 만났을 때 이들은 놀라울 정도로 공통점이 많았다. 이들은 모두 재혼한 상태였는데 둘 다 전 부인의 이름이 린다(Linda) 그리고 현재의 부인 이름이 베티(Betty)였다. 또 두 사람에게는 아들이 있었는데 그 둘의 이름은 각각 제임스 알렌(James Alan)과 제임스 알렌(James Allan)으로, 발음이 같고 단지 철자 하나에서만 차이가 있었다. 그리고 두 사람은 모두 어렸을 때 강아지를 키웠는데 그 강아지의 이름이 토이(Toy)였다. 두 사람이 결혼 후 여행을 간 곳은 모두 플로리다의 동일한 해변이었고, 두 사람 다 이때 하늘색 시보레를 운전해서 갔다. 더불어 두 사람 모두 다 살렘 담배를 피웠고 밀러라이트 맥주를 좋아했다.

많은 사람들, 심지어 심리학자들조차도 이것을 우연이라고 생각하기보다는 유전이 빚어내는 신비한 현상으로 받아들인다. 하지만 애석하게도 인간의 직관은 세상 도처에 존재하는 확률적인 사건들을 알아차리는 데 놀라울 정도로 무디다. 만약 이러한 해석에 거부감이 든다면, 다시 말해서 확률적 사건에 대한 직관적 판단력에 자신이 있다면, 다음의 문제를 한번 풀어보라.

어느 동창회가 진행되는 넓은 홀에서 참석자들에게 생일을 물었을 때 우연히 생일이 같은 사람들이 나타날 확률이 50%가 되려면, 그 동창회에 필요한 최소 참석 인원은 몇 명일까?[6]

① 23명 ② 53명 ③ 83명 ④ 103명 ⑤ 133명

놀랍게도 정답은 23명이다. 사람들에게 이 질문을 주관식으로 물어보면 보통은 100명 이상의 사람이 필요하다고 대답한다. 하지만 실제로는 단지 23명만 모이면 생일이 일치하는 사람이 나타날 확률이 50%에 달한다. 이러한 관점에서 본다면, 떨어져서 생활했던 쌍생아들 중 지극히 일부 사례에서 관찰되는 놀라운 일치 역시 확률적으로 그다지 예외적인 사건이라고 보기는 어렵다. 다시 말해 우연으로 얼마든지 나타날 수 있는 현상이다.

실제로 두 사람 사이에 놀라운 일치를 보여주는 현상은 그다지 어렵지 않게 관찰할 수 있다.[7] 예를 들면, 우연히 자리를 함께하게 된 두 사람이 있었는데 둘 다 전공이 간호학이었다. 그리고 둘 다 침례교인이었고 배구와 테니스를 가장 좋아했다. 또 고교 시절 두 사람 다 영어와 수학을 가장 좋아했고 사적지를 찾아다니는 것을 좋아했다. 하지만 이 두 사람은 단지 동일한 심리학 연구 때문에 일시적으로 같은 장소에 머물게 된 연구참여자일 뿐이었다.

개인의 행복은 변화할 수 있을까?
—

리켄의 연구가 보여주는 것처럼, 유전이 행복에 영향을 미친다는 것은 분명한 사실이다. 하지만 어떤 특성이 유전의 영향을 받는다고 해서 그것을 변화시킬 수 없는 것은 아니다. 행복에 대한 유전의 영향력은 출생 후 어떤 경험을 하는가에 따라 얼마든지 변화할 수 있다. 이러한 문제와 관련해서 지속가능발전해법네트워크 (SDSN)가 발간한 2018년 세계행복보고서는 재미있는 분석 결과를 담고 있다.[8]

〈그림4〉 지속가능발전해법네트워크(SDSN) 2018년 세계행복보고서

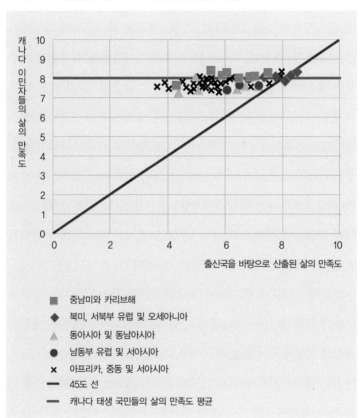

이 보고서에서는 캐나다로 이민 온 사람들의 행복도, 캐나다로 이민 온 사람들이 이전에 거주하던 출신국의 행복도 그리고 캐나다 국민들의 행복도를 비교한 내용이 담겨있다. 2018년 세계행복보고서에서 캐나다는 세계에서 일곱 번째로 행복한 국가로 소개됐다.

만약 개인의 행복도가 환경과 무관한 것이라면, 즉 행복도가 환경의 영향을 전혀 받지 않는다면, 캐나다 이민자들의 행복도는 〈그림4〉에서 45도선, 즉 캐나다로 이민 온 사람들이 이전에 거주하던 출신국의 행복도 분포와 완전히 일치하게 될 것이다. 하지만 만약 개인의 행복도가 환경의 영향으로 충분히 바뀔 수 있는 것이라면, 캐나다로 이민 온 사람들의 행복도는 캐나다 국민들의 행복도 분포(그림4에서 X축과 평행한 직선)와 일치해야 할 것이다. 그러나 그래프에서는 캐나다로 이민 온 사람들의 출신국과는 무관하게 평균값이 직선으로 표시 된 붉은 선, 즉 캐나다 태생 국민들의 삶의 평균 만족도인 8 수준을 나타냈다.

2018년 세계행복보고서는 사실상 이민이 행복에 미치는 영향이 후자에 해당한다는 것을 잘 보여준다. 다시 말해, 행복은 개인이 환경과 어떻게 상호작용 하는가에 따라 분명하게 변할 수 있다.

물론 행복해지기 위해서 반드시 행복도가 낮은 국가에서 행복도가 높은 국가로 이민을 가야만 한다는 뜻은 아니다. 다만, 2018년 세계행복보고서의 분석 자료는 개인의 행복이 유전과 같은 요인에 의해 태어날 때부터 결정되는 것이 아니라, 출생 이후에 어떤 경험을 하는가에 따라 얼마든지 변할 수 있다는 것을 보여주는 확실한 증거라는 점이다. 그렇다면, 개인의 행복을 변화시키는 결정적인 비결은 무엇인가? 이러한 질문에 대한 해답 역시 탁상공론보다는 경험적인 증거를 통해 찾아내는 것이 더 효과적일 수 있다.

역사상 최장기 종단 연구, 하버드 성인발달연구가 규명한 행복의 비밀
—

하버드대학의 성인발달연구 책임자 중 하나인 베일런트 교수는 하버드 졸업생 268명의 삶을 75년간 추적 조사하는 기념비적인 프로젝트를 진행했다.[9] 베일런트의 주된 관심사 중 하나는 선천적인 요인과 후천적인 요인 중 어느 요인이 행복한 삶에 더 중요한 영향을 미치는가 하는 점이었다. 이를 규명하기 위해 그는 선천적인 기질, 사회경제적 계급, 사회적 애착이 행복한 삶에 미치는 영향을 조사했다.

이러한 작업에서 가장 논쟁적인 부분 중 하나는 바로 행복한 삶을 어떻게 정의 내릴 것인가 하는 점이었다. 사실상 세상 사람들 모두가 동의할만한, 행복한 삶에 대한 기준을 찾는 것은 불가능하기 때문이다. 따라서 인생의 문제를 다루는 데는 100%의 정확성과 객관성을 추구하는 것과는 다른 형태의 새로운 기준이 필요하다.

예를 들어, 구성원이 100명인 조직이 있다고 가정해보자. 만약 논리적으로 너무나 자명하기에 논의해볼 필요조차 없는 주제를 다루는 것이 아니라면, 그 조직의 현안이 무엇이든지 간에 구성원 100명 모두가 동의할 수 있는 의견은 사실상 존재하지 않는다. 단순히 통계적으로 계산을 해봐도, 그 100명 안에는 현실 검증력의 문제로 정신과 치료가 필요한 사람이 존재할 수 있기 때문이다.

이러한 상황에서 고려할 수 있는 의미 있는 기준 중 하나가 바로 '간주관성(Inter-Subjectivity)의 원리'다.[10] 간주관성은 주관성과 객관성의 특징을 동시에 갖고 있는 것을 말한다. 예를 들면, 간주관성의 원리에서는 100명이 있을 때, 100명 전부는 아니더라도 대부분의 사람들(적어도 과반수)이 동의할 수 있는 주장을 의미 있는 것으로 수용한다. 이러한 기준은 객관적인 진리를 검증하는 준거로는 적절하지 않다. 하지만 적어도 이것은 인간적으로 의미 있는 기준은 될 수 있다. 왜냐하면, 이것이 바로 민주사회의 핵심 구성 원리 중 하나기 때문이다.

이러한 맥락에서 고심 끝에 베일런트는 행복한 삶에 대한 절대적인 기준 대신 간주관성의 원리에 기초해 '행복한 삶을 위한 10종 경기'라는 개념을 만들었다. 이것은 행복한 삶을 구성하는 열 가지

과제를 뜻한다. 베일런트는 모든 사람들이 동의하지는 않더라도 대부분의 사람들이 동의할만한, 행복한 삶의 기준으로 다음의 과제들을 제시했다.

〈표4〉 베일런트가 제시하는 행복한 삶을 구성하는 10종 경기 종목

1.	유명 인명사전에 등재되는 수준의 직업적 성공을 거둠
2.	수입이 연구참여자들 중 상위 25%에 속하는 것
3.	심리적 고통을 적게 경험함
4.	일, 사랑, 여가를 성공적으로 즐김
5.	신체적으로 건강함
6.	정신적으로 건강함
7.	인생의 발달 과정에 따른 심리사회적 과제를 성공적으로 완수함
8.	가족 이외의 사람들과 좋은 관계를 맺음
9.	양호한 결혼생활을 함
10.	자녀와 친밀한 관계를 맺음

베일런트가 제시한 10종 경기는 기본적으로 하버드대학 재학 중에 선발된 성인들의 삶을 75년간 추적 조사하는 과정에서 행복한 삶을 산 사람과 그렇지 않은 사람을 구분하는 지표로 활용된 것이다. 그렇기 때문에 원래 베일런트가 제시한 기준은 기본적으로 노년기의 삶을 평가하기에 적합한 항목들이었다. 특히 1번 항목의 경우는 연구참여자가 하버드대학의 졸업생들이었기 때문에 상대적으로 상위 수준의 성취도를 확인하기 위해서 선정된 지표였다.

하지만 여기에서는 위의 기준을 적용할 수 있는 대상의 범위를 조금 더 넓히기 위해 일부 항목들의 표현을 수정했다. 그럼에도 불구하고 10종 경기 종목 중에는 사람들마다 연령대, 직업적 특성, 결혼관 등의 차이로 인해 여전히 행복한 삶의 기준으로 적절하지 않은 것이 포함됐을 수 있다. 따라서 10종 경기 종목에서 10점 만점을 받아야만 행복한 삶에 해당된다는 식으로 경직된 판단을 내려서는 안 된다. 그 대신 10종 경기에서 낮은 점수를 받은 사람보다는 높은 점수를 받은 사람이 상대적으로 더 행복한 삶을 살고 있다는 식으로 유연하게 적용한다면, 이러한 기준은 행복한 삶을 평가하는 데 중요한 역할을 할 수 있을 것이다.

다시 말하자면, 베일런트가 제시한 10종 경기에서 일부 종목이 누락되거나 잘못된 종목이 포함된 것 같은 인상을 받더라도, 나무보다는 숲을 바라보는 지혜를 바탕으로 자신의 현재 모습을 점검할 수 있어야 한다. 베일런트가 제시한 기준에 따르면, 만약 노년기까지 10종 경기 종목 중 적어도 네 가지 이상을 꾸준히 성공적으로 완수해낸다면, 행복한 삶으로 간주할 수 있을 것이다.

베일런트가 선천적인 기질, 사회경제적 계급, 사회적 애착이 행복한 삶을 위한 10종 경기 성적에 미치는 영향을 조사한 결과, 선천적인 기질과 사회경제적 계급은 10종 경기 성적과 별로 관계가 없는 것으로 나타났다. 반면에 사회적 애착은 10종 경기 성적과 밀접한 관계가 있었다. 하버드 성인발달연구에서 행복한 삶을 위한 10종 경기 성적을 가장 잘 예측해주는 변인은 바로 '따뜻하고 친밀한 애착관계'였다. 단, 여기서 말하는 따뜻하고 친밀한 애착관계는 어린 시절에 부모로부터 받은 사랑만을 가리키는 것도 아니고 남녀 간의 사랑만을 말하는 것도 아니다. 하버드대학의 성인발달연구 결과는 누군가를 오랫동안 사랑하는 것이 행복한 삶을 위한 최고의 비결이라는 점을 보여준다.

사랑과 심리적 동화

사람들 중에는 하버드대학의 성인발달연구에서 행복한 삶의 비결로 친밀한 인간관계를 제시했다는 설명을 듣고서 다음과 같이 냉소적인 반응을 보이는 이들이 있다. "그 빤한 것을 꼭 거창하게 연구를 해봐야지 아나?"

하지만 인간관계의 중요성을 진정으로 이해하는 사람이라면 이렇게 냉소적인 반응을 보일 수 있을까? 봄의 온기가 차가운 겨울 눈을 사라지게 하듯이, 친밀한 관계가 주는 따뜻함 역시 냉소 속의 차가움과 공존할 수 없는 법이다.

베일런트는 75년간 200억 원이 넘는 연구비를 투입했던 하버드 성인발달연구를 결산하면서 행복은 오직 사랑을 통해서만 오며 그 이상의 행복 비결은 없다고 단언했다.[11] 물론, 베일런트가 이러한 주장을 처음으로 한 것은 아니었다. 로마의 시인 푸블리우스 베르길리우스 마로(Publius Vergilius Maro)도 이미 2,000여 년 전에 똑같은 주장을 했다. "사랑은 모든 것을 정복한다."[12] 그렇다면, 겉으로는 유사해 보이는 베르길리우스의 주장과 베일런트 결론의 차이점은 무엇일까?

그 둘의 차이점으로는 다음의 두 가지를 들 수 있다. 첫째, 베르길리우스의 주장은 시인의 직관을 바탕으로 한 것인 반면에, 베일런트의 결론은 268명의 삶을 75년 동안 추적 조사하면서 비교하고 분석한 경험적인 자료에 기초한 것이라는 점이다. 둘째, 베르길리우스는 사랑을 문학적으로 아름답게 표현한 반면에, 베일런트는 사랑을 심리학적으로 분석하면서 그 핵심요소로 '심리적 동화'를 제시했다는 점이다.

심리적 동화는 우리가 사랑하는 사람들을 정신적인 표상의 형태로 마음속으로 담아내는 과정을 말한다. 배우 차인표는 SBS〈힐링캠프〉에서 심리적 동화의 세계에 눈뜨지 못했을 때 삶에서 일어날 수 있는 안타까운 모습을 직접 소개한 적이 있다.[13] 차인표는 스타가 된 후에 공명심(功名心)으로 선행을 베풀려고 안간힘을 쓰던 때가 있었다. 하지만 문제는 다른 사람을 도우려면 어떻게 해야 하는 것인지 방법을 몰랐다는 것이다. 구호 단체를 믿을 수 없었던 그가 선택했던 방법은 자신이 직접 가난한 사람들을 방문해서 돈을 나눠주는 것이었다.

이러한 계획을 실천하기 위해 처음에 차인표는 가난한 지역의 동사무소에 직접 전화를 걸어서 자신의 이름을 말한 다음, 가난한 사람을 돕고 싶으니 관할 지역 내에 있는 가난한 사람들의 집주소를 알려 달라고 요청을 했다. 하지만 취지가 좋더라도 엄연히 공공기관에서 사생활 관련 정보를 당사자의 동의 없이 타인에게 함부로 알려줄 수는 없었기 때문에 담당직원은 그의 제안을 단칼에 거절했다.

자신의 선의가 무시당한 것 때문에 화가 치밀었던 차인표는 직접 수소문을 해서 적당한 곳을 찾아냈다. 그 후 자신이 보기에 가난해 보이는 지역을 매니저와 함께 방문했다. 그때 그가 택한 방법은 가난한 지역의 아파트를 찾아가 집집마다 방문하면서 주민들에게 한 가구 당 10만 원씩 돈 봉투를 돌리는 것이었다. 그러자 함께 동행한 매니저가 "형, 내가 이 사람들보다 더 가난해"라는 푸념을 했다. 이 말은 들은 차인표는 비로소 자신의 행동이 잘못되었다는 점을 깨닫게 되었다.

차인표의 이러한 일화는 심리적 동화가 일어나지 않은 조건에서는 아무리 좋은 뜻을 품고 있더라도 선행을 베푸는 일조차 쉽지 않다는 점을 잘 보여준다. 하지만 시행착오 끝에 차인표는 마침내 다른 사람을 지혜롭게 돕는 방법을 깨닫게 된다.

어느 날 그는 우연히 아내 신애라를 대신해 '컴패션 인터내셔널 (Compa-ssion International)'이라는 국제어린이양육기구 행사에 참여하게 됐다. 인도 콜카타(Kolkata) 지역의 빈민촌을 방문하는 일정이었다. 평상시 차인표는 아이가 둘씩이나 있는 아내가 육아는 제쳐두고 봉사활동에 매진하는 것을 못마땅하게 생각하고 있었다. 아내에게 등 떠밀리다시피 그곳을 방문하게 된 그는 여행하는 내내 못마땅한 표정을 짓고, 짙은 선글라스를 착용한 채 곁을 주지 않는 등 일행들과 거리를 두는 모습을 보였다.

처음 출발할 때 차인표에게 그 일정은 봉사를 위한 것이 아니라 단지 홍보물 촬영을 위한 것이었다. 그래서 그는 다른 모든 일행들은 자비로 참여하는 봉사단체의 국제활동에 공식적으로 비즈니스 클래스 항공권을 요구했다. 심지어 일행들과 마주치기 싫었던 차인표는 주최 측에서 제공한 비즈니스 클래스 항공권을 자신의 항공마일리지를 이용해 퍼스트 클래스 항공권으로 업그레이드해 탑승했다. 그의 그런 모습에 일행들이 말조차 붙이기 어려워하던 그때, 컴패션의 서정인 대표가 차인표에게 어렵게 다가와 다음과 같은 부탁을 했다.

"차인표 씨, 지금 차인표 씨가 만나러 가는 아이들은 세상에서 가장 가난한 아이들입니다. 죄송한데 이 아이들 만나면, '내가 너를 사랑한다' '넌 정말 사랑받기 위해 태어났다' 이런 이야기 좀 해주십시오. 이 아이들은 아마 태어나서 그 누구에게서도 사랑한다는 이야기를 못 들어본 아이들일 겁니다."

이 이야기를 들은 차인표는 대수롭지 않게 '그 정도는 해줄 수 있다'고 대답했다. 다섯 시간에 걸친 힘든 여정 끝에 빈민촌에 도착했을 때 저녁 무렵인데도 마을의 어린 아이들이 마중을 나와있었다. 차인표는 서정인 대표가 부탁했던 이야기들을 들려주기 위해 더럽고 냄새나는 옷을 입은 아이들 곁으로 다가갔다. 바로 그때 맨 앞줄에 있던 일곱 살쯤 된 인도 남자 아이가 그에게 악수하자며 손을 건넸다. 무심결에 아이의 손을 잡는 바로 그 순간, 차인표는 마음속에서 울리는 목소리를 들었다.

"내가 너를 정말 사랑한다. 너는 사랑받기 위해 태어났으니 우리 위로하면서 같이 가자."

놀랍게도 그 순간 이 목소리가 마치 폭포수처럼 선명하게 들려왔다고 한다. 그날 자신이 했던 행동은 세상에서 가장 가난한 아이의 손을 잡았던 것뿐인데, 그 이후로 자신의 삶과 가치관이 송두리째 바뀌었다고 한다. 이러한 심리적 재탄생의 경험을 가능하게 해주는 것이 바로 심리적 동화다.

차인표가 심리적 동화를 체험한 것이 일순간에 이뤄진 것이라고 오해하지 않기를 바란다. 돈 봉투 돌리기 일화가 보여주듯이,

차인표는 심리적 동화의 세계에 새롭게 눈뜨기 이전부터 다양한 방식으로 선행을 베풀려는 시도를 통해 마음의 밭을 오랫동안 경작해왔다.

2강에서 살펴본 것처럼 돈은 행복을 보장해주지 않는다. 그리고 이번 강의에서 소개한 것처럼, 행복은 유전적으로 결정되는 것도 아니다. 하버드 성인발달연구가 입증한 것처럼, 행복은 오직 사랑을 통해서만 체험할 수 있는 것이다. 그렇다면, 그 이유는 무엇일까?

행복이 사랑을 통해서만 오는 이유

인간의 삶에서 가장 가치 있는 긍정적 경험은 오직 '관계'를 통해서 얻을 수 있다.[14] 여기서 가장 값진 긍정적 경험은 기쁨, 희망, 믿음, 사랑, 감사, 연민, 용서, 경외감 등을 말한다. 물론 단순히 긍정적인 경험을 말한다면, 앞서 언급한 경험들 이외에도 재미와 안락함 등 다양한 경험들이 존재한다. 하지만 우리는 재미와 안락함과 같은 가치를 사랑과 믿음 등 최상위 가치만큼 중시하지는 않는다. 순교자처럼 믿음을 위해 자신의 목숨을 희생하는 사람은 있어도 재미를 위해 자신의 목숨을 바치는 사람은 존재하지 않기 때문이다.

기쁨, 희망, 믿음, 사랑, 감사, 연민, 용서, 경외감과 같은 긍정적인 경험들의 공통점은 그들 중 어떤 것도 '나'에 관한 것이 아니며 '나 홀로' 경험할 수 있는 것이 아니라는 점이다. 우리의 삶 속에는 성적인 충동, 배고픔, 분노, 공포 등 다양한 부정적 경험들도 있다. 이러한 경험들은 나 홀로 존재하는 무인도에서도 체험할 수 있는 것들이다. 하지만 앞서 언급한 최상위의 긍정경험들은 오직 다른 존재들과의 관계 속에서만 경험할 수 있다.

행복을 다르게 표현하자면, 삶 속에서 기쁨, 희망, 믿음, 사랑, 감사, 연민, 용서, 경외감과 같은 최상위의 긍정경험들을 체험하는 것이라고 할 수 있다. 바로 그렇기 때문에 행복 역시 관계를 통해서만 경험할 수 있는 감정이다. 그리고 이러한 행복감을 경험하는 데는 사랑하는 사람들을 마음속으로 담아내는 심리적 동화 과정, 즉 관계를 내재화하는 능력이 필수적일 수밖에 없다. 그러므로 심리적 동화의 세계에 눈뜨지 못한 사람이 진정한 행복을 경험하는 것은 불가능하다.

《어린 왕자》에서 생텍쥐페리는 심리적 동화라는 학술 용어를 사용하지는 않았지만, 관계를 내재화하는 심리적 과정을 생생하게 보여줬다. 특히, 사막여우와 어린 왕자의 첫 만남은 그러한 '심리적인 과정이 가장 잘 드러나있는 장면이다.

혼자 슬퍼하던 어린 왕자의 앞에 나타난 사막여우는 '길들이다

=관계를 맺는다'라는 화두를 던지고, 어린 왕자는 '관계를 맺는다'는 것이 정확히 어떤 것인지에 대해 질문한다. 그러자 사막여우는 '관계를 맺는다는 것'과 '시간'과의 상관관계에 대해 설명해준다. 길들여지기 전까지(관계를 맺기 전까지) 사막여우와 어린 왕자의 존재는 서로에게 무수히 많은 대상들 중 하나에 불과하지만, 친밀한 관계를 유지하기 위한 노력과 시간을 통해 길들여진다면 서로가 서로에게 단 하나뿐인 특별한 존재가 될 수 있다는 것이다.

그럼에도 불구하고 어린 왕자는 자신을 길들여달라고 부탁하는 여우에게 찾아야 할 것도 있고 알아야 할 것들도 많기 때문에 시간이 없다고 불평한다. 그러자 여우는 요즘 사람들은 서로를 배우거나 알아갈 시간조차 없는 것처럼 행동한다는 점을 지적한다. 그 후 여우는 친구(관계)를 만들어서 파는 상점은 없기 때문에 만약 '친밀한 관계를 맺고 싶다면' 시간을 투자하는 방법밖에는 없다고 말한다.

어린 왕자가 다시 누군가를 길들이려면 어떻게 해야 하느냐고 묻자, 여우는 오해의 근원인 '말'보다는 '행동'으로 조금씩 다가가려는 노력이 중요하다고 대답한다. 그러면서 어느 하루를 다른 날과 다르게 만드는 특별한 시간을 함께하는 것이 중요하다고 알려준다. 뒤이어 여우는 어린 왕자에게 만약 서로가 길들여지게 되면 행복이 서로에게 얼마나 소중한 것인지를 저절로 알게 된다며 이

렇게 덧붙인다. "예를 들면, 만약 네가 오후 네 시에 온다면, 나는
세 시부터 행복해지기 시작할 거야. 그리고 네 시가 되어갈수록 나
는 점점 더 행복해질 거야."[15]

이 장면에서 사막여우가 어린 왕자에게 들려준 행복의 비밀은
바로, 관계가 소중한 이유는 그 관계에 쏟은 시간 때문이고, 정말
중요한 것은 눈에 보이지 않기 때문에 무언가를 잘 보려면 눈이 아
닌 마음으로 봐야만 한다는 것이었다.

침팬지 마마 이야기

침팬지 '마마(Mama)' 이야기는 인간과 동물 간 유대관계에서도 심
리적 동화가 필수적이라는 점을 잘 보여준다.[16] 2017년 가을, 네덜
란드의 로얄버거동물원(Royal Burgers Zoo)에서 마마라는 쉰아홉 살
침팬지가 죽음을 눈앞에 두고 있었다. 병들고 나이 든 마마는 삶의
의지를 잃어버린 듯 모든 음식을 거부하고 그저 죽음의 순간만을
기다리는 것 같았다.

그때 이 소식을 들은 네덜란드의 동물행동학자 얀 반 후프(Jan
van Hooff) 교수가 한 걸음에 달려왔다. 그는 1972년에 마마를 처음
알게 된 후 오랫동안 동고동락을 한 사이였다. 하지만 반 후프 교
수가 은퇴한 다음부터는 떨어져서 지냈다. 오랜만에 그를 본 마마

는 미동도 않던 몸을 일으키고는 흥분 상태에서 몹시 기쁜 표정을 지었다. 곧바로 마마는 옛 친구와 포옹을 하고 서로를 쓰다듬으며 반가워했다. 특히 오랫동안 음식을 거부하던 마마는 반 후프 교수가 주는 음식을 조금씩 받아먹었다. 이 감동적인 재회를 하고 난 1주일 뒤 마침내 마마는 세상을 떠났다. 비록 짧은 순간일지라도 죽어가던 마마를 다시 일으켜 세웠던 원동력이 바로 심리적 동화였다고 할 수 있다.

달라이 라마는 "인생의 중요한 단계들마다 우리를 보살펴주고 지탱해주며 달래주는 것은 바로 인간의 사랑이다"[17]라고 말했다. 그리고 프랑스의 대문호 빅토르 위고(Victor Hugo)는 행복과 사랑의 관계를 다음과 같이 요약했다. "지상 최고의 행복은 우리가 사랑받고 있음을 스스로 확신하는 것이다. 그 자신을 위해 사랑받고 있다고 확신하는 것. 아니, 그보다는 그 자신의 현재 모습에도 불구하고 사랑을 받는다고 확신하는 것이다."[18]

심장의 언어, 긍정감정

심리적 동화의 자양분은 기쁨, 희망, 믿음, 사랑, 감사, 연민, 용서, 그리고 경외감과 같은 긍정감정들이라고 할 수 있다. 이러한 긍정감정들은 바로 '포유류의 핵심감정들'에 해당된다. 이것은 포유류의 특징인 출산 과정과 밀접한 관계가 있다. 아기가 태어나는 순간을 떠올려보라! 그 벅차오르는 감동의 순간, 산모의 마음속은 그 어떤 때보다 기쁨, 희망, 믿음, 사랑, 감사, 연민, 용서, 그리고 경외감의 긍정감정으로 충만하게 된다.

인류의 사회적 결속을 강화하는 데 기여해온 이러한 긍정감정들은 진화의 산물이다. 산모에게 사랑과 감사의 감정이 반영된 영상물을 보여주면, 모유 분비와 수유 행동이 증가한다.[19] 이러한 반응들은 사랑의 호르몬으로서 출산을 돕는 옥시토신(Oxytocin)의 분비와 밀접한 관계가 있다. 반면, 산모에게 웃음을 유발하거나 중립적인 영상물을 보여주면, 이러한 효과는 나타나지 않는다.

베일런트에 따르면, 관계를 통해서만 경험할 수 있는 긍정감정들은 '심장의 언어'에 해당된다.[20] 실제로 최상위의 긍정감정들은 심장의 미주신경 긴장도(Vagal Tone)와 관계가 있다. 미주신경 긴장도는 호흡하는 동안 심박수가 변하는 정도를 나타내는 지표로서 심장의 정보를 뇌로 보내는 일종의 통신장치 역할을 한다.

자율신경계는 교감신경계와 부교감신경계로 구성되는데 미주신경(Vagus Nerve)은 부교감신경에서 가장 큰 부분을 차지한다. 교감신경계는 신체가 스트레스 또는 위기 상황에서 응급태세를 갖출 수 있도록 긴장 상태를 유지해준다. 반면에 부교감신경계는 긴장을 해소하고 진정시키는 역할을 한다. 특히 부교감신경계에 속하

는 미주신경은 젖먹이동물인 포유류의 '보살피는 행동'과 밀접한 관계가 있다.[21]

긍정심리학자인 바버라 프레드릭슨(Barbara L. Fredrickson)과 동료들은 미주신경 긴장도와 긍정정서가 서로 영향을 주고받는다는 점을 입증했다.[22] 그들은 연구참여자들을 대상으로 9주에 걸쳐 미주신경 긴장도의 변화와 긍정 및 부정정서 그리고 사회적인 친밀감 수준을 조사했다. 그 결과, 실험에 참여하기 전 미주신경 긴장도가 높았던 사람들은 낮았던 사람들보다 실험이 진행되는 동안 상대적으로 사회적인 친밀감과 긍정정서가 더 빠르게 증가하는 것으로 나타났다. 또 9주간의 변화를 조사했을 때, 사회적인 친밀감과 긍정정서 점수에서의 변화량이 클수록 미주신경 긴장도의 변화량도 더 큰 것으로 나타났다.

전통적으로 미주신경의 긴장도는 인간이 자기 뜻대로 움직이기 어려운 것으로 생각해왔다. 하지만 후속 연구에서 프레드릭슨과 동료들은 개인이 자신의 의지로 선택할 수 있는 명상과 같은 활동이 미주신경의 긴장도를 높여줄 수 있다는 점을 규명했다.[23] 그리고 이렇게 증가된 미주신경 긴장도는 사회적인 친밀감과 긍정정서를 높이는 데 기여하는 것으로 나타났다. 최근 정신의학에서는 미주신경의 활성 수준을 높여주는 미주신경자극요법(Vagus Nerve Stimulation)이 우울증을 비롯해 다양한 정신장애의 치료에 활용되고 있다.[24]

박탈의 아픔을 극복하는 방법

기본적으로 관계의 문제를 다룰 때는, '박탈(Deprivation)'과 '결핍 (Privation)'을 구분해서 살펴볼 필요가 있다.[25] 문제의 유형에 따라 해결책도 달라질 수밖에 없기 때문이다.

역설적이지만 불행하게도 사랑은 아픔을 낳는다.[26] 만약 우리가 사랑하지 않는다면 이별의 슬픔도 경험하지 않을 것이다. 박탈은 한때 우리가 사랑하거나 애착을 형성했던 사람을 잃는 것을 의미 한다. 비록 박탈이 당사자에게 정서적인 고통을 유발할지라도, 사 랑했던 사람을 떠나보내는 경험은 우리를 슬픔에 빠지게 할지언정 정신을 병들게 하지는 않는다.

사람들은 모두 언젠가 필연적으로 사랑하는 사람과 이별할 수 밖에 없다. 그렇다면 이별의 상처는 어떻게 감싸 안아야 하는가? 톨스토이에 따르면,[27] 누군가를 열정적으로 사랑했던 사람은 그 사랑을 떠나보내야 할 때 크게 슬퍼할 수밖에 없지만, 동시에 그러 한 박탈감을 치유할 수 있는 것은 오로지 사랑뿐이다. 그러므로 이 별의 상처를 치료할 수 있는 가장 좋은 방법 역시 아픔의 원인인 사랑을 더욱더 풍요롭게 하는 것이라고 할 수 있다. '낯선 상황 실 험' 결과는 이러한 점을 이해하는 데 도움이 될 것이다.

발달심리학자 메리 애인스워스(Mary Ainsworth)는 아동의 '애착

(Attachment)'을 연구하기 위해 '낯선 상황 실험'을 진행했다.[28] 애착은 생의 초기에 아기가 부모를 포함한 양육자와 친밀한 관계를 형성하는 것을 말한다.[29] 기본적으로 애착은 개인이 성인기에 사회적인 관계를 안정적으로 맺는지 아니면 불안정하게 맺는지 여부에 중요한 역할을 한다. 특히 이러한 애착의 영향력은 극심한 스트레스 상황에서 더욱더 커진다.[30]

낯선 상황 실험에서는 엄마와 첫돌이 지난 아기를 낯선 장소에서 처음 보는 사람과 함께 잠시 머물게 한다. 그 후 아기와 같이 있던 엄마가 아무 말 없이 자리를 비웠다가 되돌아온다. 연구자는 아이가 낯선 상황에서 낯선 사람과 함께 있을 때 보이는 행동과 엄마가 되돌아왔을 때 나타내는 행동을 관찰한다.

그 결과, 아이의 반응은 세 가지 유형으로 구분할 수 있었다. 하나는 '안정형'이다. 이 유형의 아기들은 엄마가 자리를 비웠을 때 다소 긴장하고 행동이 위축되는 등 불안한 모습을 보이지만 엄마가 돌아왔을 때 곧 안정된 모습으로 되돌아간다. 두 번째 유형은 '회피형'이다. 이 유형의 아기들은 엄마가 자리를 비웠을 때 별로 울지 않으며 엄마가 되돌아왔을 때도 엄마를 무시하는 행동을 보인다. 세 번째 유형은 '양가형(또는 애증형)'이다. 이 유형의 아기들은 엄마가 자리를 비웠을 때 심하게 고통스러워하지만 엄마가 되돌아왔을 때 어떤 경우에는 엄마에게 매달리고 또 다른 경우에는 엄마를 밀쳐내는 이중적인 모습을 보인다.

애인스워스에 따르면, 생애 초기에 형성된 이러한 애착 유형은 성인기에도 지속적으로 영향을 미친다. 낯선 상황 실험에서 안정적인 애착 유형이 보여주는 것처럼, 온전한 사랑은 사람들에게 박탈 또는 이별의 아픔을 잘 견뎌낼 수 있는 힘을 줄 수 있다. 여기에서 말하는 온전한 사랑을 다른 말로 표현하면, 바로 심리적 동화가 된다.

이별의 아픔 때문에 사랑을 시작하는 것을 두려워하는 사람은 심리적 동화의 세계를 이해하지 못하는 사람이다. 심리적 동화, 즉 누군가를 마음속 깊이 사랑하는 경험은 훗날 이별로 인해 가혹한 박탈의 아픔이 주어질 때에도 다시 일어설 수 있는 힘을 준다. 베스트셀러 《모리와 함께한 화요일》에서 모리 슈워츠(Morris S. Schwartz) 교수는 제자에게 누군가를 마음속 깊이 사랑하는 경험이 상실의 박탈감을 어떻게 치유할 수 있는지를 다음과 같이 설명했다. "죽음은 생명이 끝나는 것이지, 관계가 끝나는 것은 아니네."[31]

미국의 시인 월트 휘트먼(Walt Whitman)이 에이브러햄 링컨(Abraham Lincoln)의 죽음을 애도하면서 남긴 시는 이러한 점을 상징적으로 보여준다. 휘트먼의 추모시는 "라일락이 앞마당에 마지막으로 피었을 때, 그리고 위대한 별이 서쪽 밤하늘로 일찍 떨어졌을 때, 나는 깊은 슬픔에 잠겼다"[32]라는 구절로 시작한다. 하지만 뒤이어 "매년 돌아오는 봄이면 또다시 슬픔에 잠기겠지만, 영원히 꽃을 피우는 라일락은 사랑하는 그를 떠올리게 하리라"고 장엄하게 노래했다.

결핍의 상처를 감싸는 방법
—

박탈과는 달리, 결핍은 살면서 한 번도 제대로 된 사랑을 받아본 적이 없는 것을 뜻한다. 때때로 박탈과 결핍은 구분하기 어려워 보이기도 한다. 그 둘을 구분하는 대표적인 기준은 안정적인 애착을 형성한 적이 있는지 여부다. 중요한 점은 '낯선 상황 실험'이 보여주는 것처럼 어린 시절에 부모로부터 보살핌을 받는다고 해서 모두 안정적인 애착이 형성되는 것은 아니라는 점이다. 일반적으로 결핍 또는 불안정한 애착은 당사자에게 심리적인 고통을 줄 뿐만 아니라 심리적인 장애도 유발할 수 있다. 스스로 태어나지 않는 편이 더 낫다고 믿는 것은 이러한 결핍의 가능성을 표현하는 반응이다.

이처럼 세상에 대한 기본적 신뢰의 문제가 해결되지 않은 것은 살아오면서 사랑을 주고받은 경험의 부재로 인한 것일 가능성이 크기 때문에 개인이 그 책임을 짊어질 문제로 보기는 어렵다. 사랑의 경험이 결핍된 사람에게 필요한 것은 도덕적인 비난이 아니라 사랑을 주고받는 경험 그 자체다.

일반적으로 심리치료 또는 심리상담은 환자나 내담자가 절실히 필요로 하는 '친밀한 관계를 맺는 경험'을 제공하는 형태로 진행된다. 왜냐하면, 오로지 사랑만이 우리를 변화시킬 수 있으며 모든 것을 견딜 수 있게 해주는 힘을 가지고 있기 때문이다.[33] 앞서 소개한 침팬지 마마 이야기를 떠올려보자. 나이 들고 병들어 자포자기 상태에서 음식도 끊고 무기력하게 죽음만을 기다리고 있던 침팬지 마마가 다시 힘을 내 음식을 먹게 만든 것은 바로 반 후프 교수의 사랑이었다.

'밀림의 성자'로 불렸던 알버트 슈바이처(Albert Schweitzer)에 따르면, "누구나 삶에서 때로는 내면의 불꽃이 꺼진다. 그 불꽃은 다른 인간 존재와의 만남에 의해 다시 타오른다."[34] 이처럼 '마음에 힘을 주는 사람을 만나는 것'은 행복한 삶을 위한 필수조건 중 하나다. 하버드 성인발달연구는 이러한 점을 실제로 증명했다.

베일런트는 도심 지역의 불우한 청소년 456명 중 가장 황폐한 아동기를 보낸 30명의 삶을 추적 조사했다.[35] 20대 중반까지 이들의 삶은 재앙 그 자체였다. 하지만 이들 중 30%는 성인기 후반에 성공적이고 생산적인 삶을 살았다. 그들이 과거의 결핍으로 인한 상처를 극복하는 데 결정적인 역할을 했던 것은 바로 사랑하는 배우자를 만난 것이었다.

역기능적인 가정에서 태어나 고아원에서 자라난 91명의 여성들의 삶을 20년간 추적 조사한 심리학 연구 역시 베일런트가 확인한 것과 유사한 결과를 보고했다.[36] 부모 없이 고아원에서 자란 여성들이 성인기에 좋은 엄마가 될 가능성을 예측하는 가장 중요한 요인은 두 가지였다. 그 하나는 학교에서 교사와 좋은 관계를 맺는 경험이다. 나머지 하나는 배우자와 사랑하는 관계를 맺는 것이다. 여기서 중요한 점은 상대적으로 더 사랑스러운 특성을 가진 여성이 더 사랑스러운 배우자를 만나게 된 것은 아니라는 점이다. 이들의 불우한 삶을 변화시켰던 핵심 요인은 사랑하는 관계를 맺는 경험 그 자체였다. 이처럼 결핍의 상처는 오직 사랑하는 사람을 만남으로써만 치유할 수 있다.

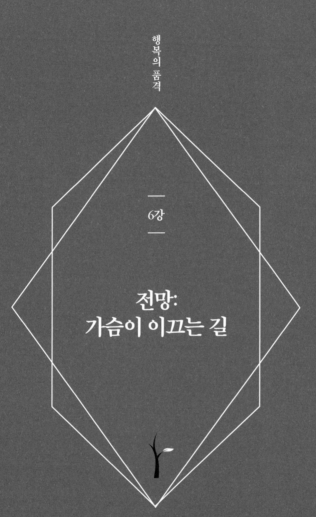

행복의 품격

6강

전망:
가슴이 이끄는 길

천재 물리학자 스티븐 호킹(Stephen W. Hawking)에게 기자가 물었다. "당신의 업적 중 가장 중요한 것은 무엇인가요?" 그러자 그는 이렇게 대답했다. "그것은 희망을 잃지 않았던 것입니다."[1] 호킹의 일화가 보여주는 것처럼, 삶에서 희망을 온전하게 간직하는 것은 결코 쉽지 않다.

알베르 카뮈(Albert Camus)에 따르면, 삶에서 진정으로 중요한 철학적 문제는 단 하나다. 그것은 바로 "자살이다. 다시 말해서, 인생이 살만한 가치가 있는 것인지 여부를 판단하는 것이다."[2] 인생이 살만한 가치가 있는 것인지 여부를 판단하는 문제의 중요성은 위기나 고난의 상황에서 더욱더 커질 수밖에 없다.

카뮈는 삶에서 절망할 수밖에 없는 상황이 존재할 수 있다고 말했다.[3] 바로 죽음을 눈앞에 둔 사형수다. 아마도 로마의 철학자이자 네로(Nero) 황제의 스승이었던 세네카(Seneca)가 처했던 상황이 그러한 예에 해당될 수 있을 것이다.[4] 세네카는 자살로 삶을 마감했다. 하지만 그가 말년에 우울했기 때문에 그랬던 것은 아니었다.

네로 황제는 자신에 대한 암살 기도 사건에 세네카의 조카가 연루된 것으로 드러나자, 세네카와 가족 모두를 죽이라는 명령을 내렸다. 특히 그 과정에서 네로는 세네카에게 '자살'과 '자살보다 더 극심한 고통을 주는 죽음' 둘 중 하나를 선택하도록 강요했다. 결국 세네카는 자살을 선택할 수밖에 없었다. 만약 세네카 이야기가 일반 사람들의 삶과는 동떨어진 극단적인 사례라는 인상을 준다면, 다음의 이야기를 찬찬히 읽어보기 바란다.

"사형수 여러 명이 사슬에 묶여있다고 상상해보라. 매일 몇 명이 다른 사형수들의 눈앞에서 처형된다. 남은 자들은 그 광경에서 자신의 운명을 보면서 슬픔과 절망이 밴 눈길로 차례를 기다리며 서로를 바라본다."[5]

수학자 블레즈 파스칼(Blaise Pascal)은 이것이 바로 인간의 처지를 상징적으로 보여주는 대표적인 이미지라고 주장했다. 이처럼 우리의 삶이 처한 상황은 본질적으로 사형수의 입장과 별반 다르지 않다. 그렇다면, 이러한 삶의 조건에서 과연 최선의 생활방식은 무엇인가?

바로 이러한 질문에 답하는 것이 전망이다. 삶의 비극적인 조건 속에서 지혜롭게 '전망(展望)'하는 것은 이 책에서 제시하는 첫 번째 행복의 기술이다. 베일런트에 따르면, 과거 사건에 대한 정신적 표상은 '기억'이라고 부르고, 현재 사건에 대한 정신적 표상은 '지

각(知覺)'이라고 부르며, 미래 사건에 대한 정신적 표상은 '전망'이라고 부른다.[6]

전망의 기술은 극심한 스트레스를 유발함에도 불구하고 여전히 행복한 삶을 추구하는 것이 가능한 삶의 조건과 그 누구도 희망을 떠올릴 수 없는 절망적인 상황을 지혜롭게 구분하는 것을 말한다. 문제는 이 둘을 구분하는 일이 결코 쉽지 않다는 데 있다.

베일런트에 따르면, 전망이 상대적으로 더 잘 발달하는 사람이 있고 그렇지 않은 사람도 있다.[7] 그런데 하버드 성인발달연구 참여자들 중 전망을 잘 활용한 19명 모두는 자신이 맡았던 일을 매우 즐겼고 정신과 의사를 방문한 적이 없었으며 거의 대부분이 행복한 결혼생활을 했다.

2강에서 행복메타인지를 점검할 때와 마찬가지로, 전망의 기술에서도 해설을 읽기 전에 먼저 나의 현재 상태를 확인하는 것이 필요하다. 이런 맥락에서 '정서의 나침반'이라는 과제에 참여해보자.

정서의 나침반 과제

일종의 사고 실험을 진행하기 앞서 긍정감정과 부정감정에 대한 사전지식을 체크하기 위해 '정서의 나침반' 테스트를 해보자. 아래 그림은 정서의 나침반이다. 그림 안에는 긍정감정 4개 그리고 부정감정 4개를 적을 수 있는 빈칸이 있다. 그림을 보며 자신의 생각을 기준으로 빈칸 안에 들어갈 감정 단어들을 떠올려보자. 기억하기 어렵다면 종이 위에 적으면서 테스트를 진행해도 좋다. 종이에는 떠오른 순서대로 먼저 적는 것이 중요하다. 단, 행복감과 불행감이라는 단어는 제외해야 한다. 사실상 그것들은 긍정감정 및 부정감정과 유사한 의미를 지닌 단어기 때문이다.

다음으로, 당신이 선택한 긍정 및 부정감정들을 다음의 감정목록과 비교해보자. 이때 반드시 감정목록에 포함된 단어들을 긍정 및 부정감정들로 선택해야 하는 것은 아니다. 이 책에서 소개하는 감정목록은 단지 예시 목적으로 소개한 것뿐이다.

〈그림5〉 정서의 나침반

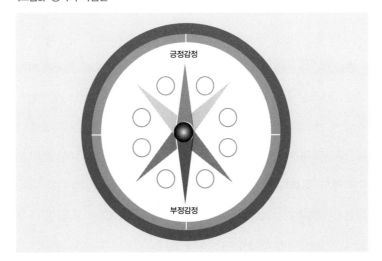

> **긍정감정:** 기쁨, 희망, 믿음, 사랑, 감사, 연민, 용서, 경외감, 즐거움, 자신감, 안정감, 호감, 재미, 상쾌함, 친밀감, 자부심, 열정, 흥분감, 고양감, 유능감, 평온함 등
>
> **부정감정:** 슬픔, 공포, 분노, 소스라치게 놀람, 혐오, 외로움, 속상함, 짜증, 불안, 긴장감, 공허함, 괴로움, 피로감, 혼란스러움, 죄책감, 부끄러움, 좌절감 등

긍정감정과 부정감정 단어들이 무엇인지 확인했다면, 본론으로 들어가 다음의 질문에 간단히 답해보자.

당신의 현재 생활을 기준으로 할 때 떠올리기만 해도 끔찍한 느낌이 드는 '비극적인 사건'은 무엇인가?

이러한 사건은 현실에서 일어날 가능성이 분명히 존재하지만 그 누구도 실제로 일어나는 것을 결코 원하지 않는 것이어야 한다. 피할 수만 있다면 누구라도 일어나지 않기를 바라는 사건 중에서 나 자신에게 가장 부정적인 영향을 주는 사건을 하나 선택한다. 1분 정도 충분히 생각을 한 뒤 답을 정해보자. 물론 이 질문 역시 정답은 존재하지 않는다. 다만, 현 시점을 기준으로 조건에 가장 잘 부합하는 대답 하나를 선택해야 한다.

떠올리기만 해도 끔찍한 느낌이 드는 비극적인 사건을 하나 결정했다면, 이제 본격적인 작업을 위해 그러한 사건이 실제 내 삶에서 일어났다고 가정한다. 지금 바로 그 비극적인 사건이 내게 일어난다면, 그 순간 내가 어떤 감정을 경험하게 될 것인지를 생생하게 떠올려본다. 그 과정에서 떠올렸던 감정들을 긍정감정과 부정감정으로 구분한 다음 '정서의 나침반' 과제를 다시 진행한다. 비극적인 사건이라서 긍정감정이 떠오르지 않는다면, 부정감정만 떠올려도 무방하다.

구체적인 상황을 떠올리기 어렵다면, 정서의 나침반 훈련을 위해 예를 들어보겠다. 다음에 소개하는 사례는 한 TV 프로그램에 소개된 실제 이야기다.[8] 주유소에서 아르바이트를 하던 열아홉 살 여학생이 있었다. 그녀가 고객의 차에 휘발유를 넣고 있을 때, 그 옆에 있던 어느 운전사가 담배를 피우기 위해 라이터 불을 붙였다. 그 순간 파란 불길이 마치 번개처럼 그 여학생을 덮쳤다. 비록 목숨은 건졌지만, 그 사고로 그녀는 전신화상을 입었다. 수술도 여러 번 하고 상당 기간 치료를 받은 후에도 불의의 사고 후유증으로 손이 거의 다 뭉개지고 얼굴 피부 대부분에 화상의 상처가 남게 되었다. 만약 당신이 이러한 일을 겪게 된다면, 어떤 감정을 경험하게 될 것인지를 생생하게 떠올려보자.

여기서 중요한 점은 만약 내 삶에서 일어날 가능성이 있는 비극적인 사건이 실제로 일어난다면, 그 순간에 내가 어떤 감정들을 경험하게 될지를 솔직하게 그리고 생생하게 기록하는 것이다. 이때 '머리로 문제를 풀기'보다는 '가슴에서 느껴지는 감정'에 초점을 맞춰 답한다. 답은 먼저 떠오른 감정을 우선순위로 적어야 한다. 오랜 시간을 들여서 고민하기보다는, 즉각적으로 떠오르는 느낌을 중심으로 1분 이내에 테스트를 끝마치는 것이 좋다.

인생을 항해하다 보면, 매서운 바람과 거친 파도를 만나기도 하고 거대한 폭풍우 때문에 배가 좌초될 위기를 겪기도 한다. 특히 파스칼의 말대로, 본질적으로 우리의 삶이 처한 상황은 사형수의 입장과 다르지 않다. 바로 그렇기에 우리에게는 지혜로운 전망이 필요하다.

삶을 지혜롭게 전망하지 못하는 사람은 살아있어도 마치 '살아 있는 것 같지 않은 삶'을 살아가게 된다. 특히 그러한 사람은 위기 상황에서 상대적으로 더 심한 무기력감을 경험하게 된다. 정서의 나침반 작업이 필요한 이유는 비극적인 상황에 직면하는 순간에 지혜로운 전망을 할 수 있도록 '마인드 셋'을 갖추는 것이 중요하기 때문이다.

비유적으로 표현하자면, 정서의 나침반 작업은 일종의 심리학적인 심폐소생술(CPR)이라고 할 수 있다. 심폐소생술은 심장이 정지하는 응급상황에서 실시한다. 정서의 나침반은 심각한 위기 상황에 효과적으로 대처하기 위해 사용하는 심리학적인 기술 중 하나다. 살다 보면 누구에게라도 마치 삶의 빛이 꺼져버린 것처럼 느껴지는 정신적 위기 상황이 찾아올 수 있다. 바로 정서의 나침반 작업은 이러한 '절체절명(絶體絶命)'의 비상 상황에 정서적으로 대비하기 위한 것이다.

정서의 나침반 과제의 목표는 행복의 근본문제를 점검하는 것이다. 다시 말해, 자신이 비극적인 상황에 처했을 때 지혜로운 전망을 할 수 있는 역량을 갖추고 있는지 여부를 판단하는 것이다. 비록 이러한 작업이 '완벽한 삶'을 보장해주지는 못할지라도, '최선의 삶'을 살아가는 데는 도움을 줄 수 있다.

일반적으로 사람들은 정서의 나침반 작업을 할 때, 긍정감정보다는 부정감정을 상대적으로 더 쉽게 그리고 더 많이 적는다. 하지만 정서의 나침반 작업에서는 어떤 부정감정을 떠올리는지보다는 어떤 긍정감정을 떠올리는지가 더 중요하다. 비극적인 상황에 직면했을 때 이를 지혜롭게 극복하는 데는 긍정감정을 경험할 수 있다고 확신하는지의 여부가 중요하다는 것이다. 이러한 긍정감정에는 기쁨, 희망, 믿음, 사랑, 감사, 연민, 용서, 경외감이 있다. 여기에서 중요한 점은 이러한 과제가 문답풀이를 외우는 형태로 해결할 수 있는 것이 아니라, 전망의 문제라는 점을 이해해야 한다는 것이다.

삶에서 우리는 다양한 비극적 사건을 경험할 수 있다. 물론 그 누구도 비극적인 사건을 겪는 것을 원하지는 않을 것이다. 하지만 삶에서는 세네카가 네로 황제에게 자살을 강요받았던 것과 같은 안타까운 상황이 일어날 수도 있고, 결핍과 박탈의 아픔을 경험할 수도 있으며, 화상환자 사례처럼 불의의 사고를 겪게 될 수도 있다. 하지만 그 어떤 비극적인 상황에서도 최소한 우리는 관계를 통해서만 경험할 수 있는 긍정감정들을 체험할 수 있다.

행복의 근본문제를 위한 핵심질문 세 가지

행복의 근본문제를 효과적으로 다루기 위해서는 먼저 세 가지 핵심질문에 답해야 한다. 바로, "당신은 불행해지기를 원하는가?" "당신은 차라리 태어나지 않았더라면 더 좋았을 것이라고 생각하는가?" "당신은 무인도에서도 행복해질 수 있는가?"다. 이번 강의에서는 이 세 가지 핵심질문 중 앞의 두 가지를 먼저 소개하고 나머지 하나는 9강에서 다루겠다.

행복의 근본문제와 관계된 첫 번째 핵심질문은 "당신은 불행해지기를 원하는가?"다. 본질적으로 사형수의 입장과 크게 다르지 않은 삶의 조건 아래서, 최선의 생활방식을 탐색하기 위해서는 적어도 스스로 불행해지기를 원하지 않는다는 점을 분명하게 밝힐 수 있어야 한다.

행복의 근본문제와 관계된 두 번째 핵심질문은 "현재의 모습을 기준으로 했을 때, 차라리 태어나지 않았더라면 더 좋았을 것이라고 생각하는가?"다. 만약 이 질문에 진심으로 '그렇다'라고 대답하게 되더라도, 자신을 자책하거나 죄책감을 느낄 필요는 없다. 이것은 단순히 개인 내적인 문제가 아니라 사회적인 관계의 문제, 즉 '애착'의 문제에 해당되기 때문이다.

정신분석가이자 발달심리학자인 에릭 에릭슨(Erik H. Erikson)에 따르면, 사람들은 전 생애에 걸쳐 각 시기별로 다양한 '심리사회적 위기'를 경험한다.⁹ 그리고 이러한 위기를 어떻게 해결해나가느냐에 따라 삶은 밝게 빛나기도 하고 어둡게 물들기도 한다. 에릭슨은 개인이 심리사회적 과업들을 잘 해결하기 위해서는 인생의 각 중요한 시기별로 고유하게 설정되어있는 '근본적 덕목들(Basic Virtues)'을 터득하는 것이 중요하다고 주장했다.

에릭슨은 인생의 첫 번째 과제가 '희망(Hope)'의 덕목을 배우는 것이라고 주장했다. 그에 따르면, 희망은 무기력감을 야기하는 삶의 조건 속에서도 자신의 소망이 이뤄질 수 있다는 믿음을 소중하게 간직하는 것을 말한다. 이러한 희망은 생의 초기에 부모 또는 양육자와 맺는 따뜻하고 친밀한 관계를 통해 형성된다. 따라서 삶에서 희망을 배우는 것과 사랑을 받는 경험은 불가분의 관계라고 할 수 있다.

베일런트에 따르면, 희망은 과거의 사랑스러운 경험과 '미래를 그려내는 마음의 능력'을 결합해냄으로써 탄생한다.[10] 이러한 희망을 위해서는 '석과불식(碩果不食)'의 지혜가 필수적이다.[11] 석과불식은 '과실나무에서 큰 과일은 따먹지 않고 남겨두어 다시 종자로 쓰는 것'을 뜻한다. 온갖 유혹에도 불구하고 씨 과실을 남겨두는 지혜가 있어야, 새봄에 새싹이 돋아나고 이것이 자라서 다시 나무가 되고 나아가 숲으로 성장하는 '선순환의 효과'가 나타날 수 있다. 반면, 씨 과실을 남겨두는 지혜가 부족한 사람은 봄이 와도 마치 겨울이 지속되는 것 같은 '악순환'이 거듭될 수밖에 없다.

지금 당신이 추운 겨울에 잎 하나 없이 앙상하게 시들어버린 수목들로 둘러싸인 정원에 서있다고 가정해보라. 겨울 정원을 바라보면서도 봄이 찾아오면 이 정원에 꽃이 만발하고 신록이 우거지게 될 것이라는 믿음에 기초해 석과불식의 지혜를 발휘하기 위해서는 사전 경험이 필요하다.

실제로 쥐를 생후 첫 몇 주 동안 하루에 15분씩 만져주는 일을 반복하면 이러한 경험을 하지 않은 쥐에 비해 그 이후에 스트레스에 직면했을 때 상대적으로 무기력한 모습을 더 적게 보인다.[12] 또 생애 초기에 보살핌을 받은 쥐들은 그렇지 않은 쥐에 비해 오랜 시간이 흐른 뒤 노화가 야기하는 문제들도 더 잘 극복해낸다. 과

거의 보살핌 경험이 미래의 사건에 대한 대처방식에 영향을 주는 것이다.

　물론 희망이 자신의 직접적인 경험에 의해서만 탄생하는 것은 아니다. 책을 읽거나 이야기를 전해 듣는 등 본보기로 삼을만한 다른 대상들과의 간접경험을 통해서도 희망을 얻을 수 있다. 하지만 직접 경험한 적이 없는 사람이 희망을 간직하기 위해서는, 적어도 밝은 미래를 믿을 수 있게끔 하는 누군가와 '의미 있는 관계'를 맺는 것이 필요하다. 노벨문학상 수상자인 유진 오닐(Eugene O'Neill)에 따르면, "희망은 삶 속에 존재하는 가장 위대한 힘이며 죽음을 물리칠 수 있는 유일한 무기다."[13]

희망과 소원의 차이

희망(Hope)은 소원(Wish)과 다르다.[14] 소원은 사람들이 삶에서 이뤄지기를 간절히 바라는 것을 말한다. 불행한 사람들은 흔히 자신의 삶이 불행한 이유가 소원이 이뤄지지 않았기 때문이라고 생각한다. 하지만 소원을 이루지 못했다고 해서 삶이 불행해지는 것은 아니다. 사실, 삶에서 소원은 이뤄지는 것보다는 이뤄지지 않는 것이 훨씬 더 많다.

　반면, 인간의 삶에서 희망은 오직 하나의 형태로만 존재한다.

그것은 바로 자신이 살아갈 가치가 있는 존재라고 믿느냐 아니면 그럴만한 가치가 없는 존재라고 느끼는가 하는 점이다. 바로 그렇기 때문에 희망을 잃은 사람에게 미래는 없다.

희망은 소원처럼 단순히 자신이 기대하는 것을 머릿속으로 떠올리는 것이 아니다. 그보다 희망은 자신의 과거 긍정적 경험이 미래에도 재현될 수 있음을 굳게 믿는 것을 뜻한다. 별에게 소원을 비는 것은 그다지 어려운 일이 아니다. 그러므로 소원은 삶에 그다지 커다란 힘을 보태지 못한다. 하지만 희망을 간직하는 것은 심리적으로 많은 노력과 에너지를 필요로 한다. 그래서 희망을 간직하는 데 성공한 사람은 희망의 크기에 비례하는 수준의 심리적 에너지를 얻을 수 있다.

소원과는 달리, 희망은 실제로 생명을 구할 수 있다. 미국 펜실베니아대학의 연구진은 5강에서 소개한 '탈출 가능/불가능 스트레스 패러다임'을 이용해 쥐를 대상으로 암 발병률 연구를 진행했다.[15] 연구진은 실험 과정에서 세 가지 조건을 구성한 후 암세포를 쥐들에게 주입했다.

실험 결과, 50%의 확률로 암이 발병할 수 있는 수준의 암세포를 주입받았을 때, 전기충격을 받지 않았던 '통제 조건'의 쥐는 54%가 암세포의 증식을 성공적으로 억제해냈다. 하지만 쥐가 지렛대를 누르면 전기충격이 멈추게 되는 '탈출 가능 전기충격 조건'의 쥐는 63%가 암세포의 증식을 억제해냈다. 대조적으로 자기가 지렛대를 누르면 전기충격이 멈추지 않지만 탈출 가능 전기충격 조건의 쥐가 지렛대를 누르면 전기충격이 멈추는 '탈출 불가능 전기충격 조건'의 쥐는 27%만이 암세포의 증식을 억제해냈다.

이와 유사한 효과를 하버드 성인발달연구에서도 확인할 수 있다.[16] 불우한 환경 속에서 자란 아이들의 경우, 미래를 위해 노력할 가치가 있다는 믿음 속에서 성장할수록, 다시 말해 희망에 대한 믿음이 클수록 더 오래 건강하게 살았다. 이것이 바로 희망의 힘이다.

미래를 그려내는 마음의 능력
—

행복의 근본문제를 해결하기 위해서는 자기 자신과 세상에 애정을 느끼는 것이 필수적이다. 모름지기 태어나지 않는 것보다는 태어난 것이 더 낫다고 믿고 있는 사람이라면, 세상에 대한 최소한의 기본적 신뢰는 갖추고 있다고 할 수 있다. 그런데 우리는 합리적인 사고와 객관적인 증거를 바탕으로 세상에 대한 신뢰와 희망을 배우는 것이 아니다. 이것은 사실상 '믿음'의 문제이기 때문이다.

믿음(Faith)은 신념(Belief)과는 다르다. 신념은 인지(認知)에 속하는 것인 반면, 믿음은 신뢰감이라는 말이 보여주듯이 정서(情緒)에 해당된다. 예컨대, 인생의 겨울이 찾아왔을 때 단순히 봄에 대해 알고 있거나 봄을 그저 기다리는 것은 별로 도움이 되지 않는다. 전설적인 재즈피아니스트 빌 에반스(Bill Evans)가 말했던 것처럼, 봄은 믿어야만 하는 것이기 때문이다.[17]

미래에 대해 생각하는 모든 것이 다 전망에 해당되는 것은 아니다. 본질적으로 전망(Prospection)은 현실적인 데이터를 기반으로 미래를 추론해내는 '예측'과는 다르다. 기상 조건을 분석해 내일 비가 올지 여부를 예측하거나 시장 관련 정보를 분석해 주식이 오를지 여부를 예측하는 것은 여기에서 말하는 전망과는 관계가 없다.

전망은 객관적인 증거가 없거나 오히려 기대와는 반대되는 자료들이 있음에도 불구하고 나 자신과 세상의 미래에 대해 희망적으로 떠올리는 것을 말한다. 널리 알려진 대로, 토머스 에디슨(Thomas Alva Edison)은 알칼리 축전지를 만드는 과정에서 5개월 넘는 기간 동안 수천 번의 실패를 거듭했다. 어느 날 그의 동료인 월터 말로리(Walter S. Mallory)는 그렇게 많은 시도를 하고도 아무런 결과물도 내놓지 못하는 것은 과학자로서 수치스러운 일 같다고 했다. 그러자 그는 웃으면서 다음과 같이 대꾸했다. "무슨 소리! 나는 수많은 결과들을 얻었다네. 나는 효과가 없는 수천 가지 방법들을 찾아낸 것이라네."[18]

에디슨은 이처럼 수천 번의 실패라는 명확한 증거에도 불구하고 미래에 자신이 성공할 수 있다는 전망을 굳건히 고수했다. 그리

고 끝내 에디슨전지를 만들어내는 데 성공했다. 이런 점에서 전망
은 낙관성과도 구분된다.

　낙관성은 주어진 데이터를 기반으로 과거, 현재 그리고 미래에
대해 합리적인 추론을 하는 것이다. 반면에 전망은 데이터가 결코
우호적이지 않은 상황 또는 미래를 예측할 수 있는 데이터 자체가
없는 조건 속에서 미래에 대한 희망적인 믿음을 간직하는 것을 말
한다. 또 선천적으로 가지고 태어나는 기질에 해당하는 낙천성과
는 달리, 전망은 낙관성과 마찬가지로 인생이라는 학교에서 배워
야 하는 삶의 지혜다.

원하는 것, 좋아하는 것 그리고 사랑하는 것
—

현대 중국문학을 대표하는 문학가인 루쉰(魯迅)은《고향》이라는 소
설에서 희망에 대해, 본래 있다고 할 수도 없고, 없다고 할 수도 없
는 것이라고 말하며 길에 비유했다. 지상에는 원래 길이 없었는데,
걸어 다니는 사람이 많아 길이 생긴 것이라는 비유가 그것이다.

　이처럼 희망은 분명 존재하지만 눈에 보이지 않는다. 물론 희망
은 환상과는 다르다. 환상은 실제로 존재하지 않는 '허상(虛像)'일
뿐이다. 반면, 희망은 사랑스러운 과거의 경험에 대한 기억을 바탕
으로 한다는 점에서 '실상(實像)'에 기초한 것이다.

마치 물이 위에서 아래로 흐르듯이, 희망은 우리가 부정적인 감정이 아닌 긍정적인 감정을 지향하게 한다. 어느 개인이 희망을 포기한 적은 있어도 역사상 인류가 희망을 포기한 적은 없다. 이런 점에서 희망은 개인의 선호가 아니라 집단의 선호를 반영하는 것이며 주관성과 객관성의 특징을 동시에 갖고 있는 간주관적인 것(6강 참조)이라고 할 수 있다.

삶에서 이러한 전망이 제대로 기능하지 않을 때 발생하는 대표적인 문제 중 하나가 바로 우울증이다. 우울증의 핵심 증상은 자기, 세계 그리고 미래에 대해 부정적인 관점을 나타내는 것이다.[19] 마틴 셀리그만(Martin Seligman)에 따르면, 전통적으로 우울증의 치료와 관련해서는 이 세 가지 핵심 증상들 중에서 상대적으로 자기에 대한 부정적인 생각에 더 많은 관심이 주어졌다.[20] 하지만 우울증의 세 가지 증상들 중 가장 핵심적인 것은 미래에 대한 부정적관점이다. 이런 점에서 우울증은 한마디로 '역기능적인 전망'으로 인한 정신장애라고 할 수 있다.

그렇다면, 맹목적인 집착과 같은 역기능적인 전망과 적응적인 전망의 차이는 무엇일까? 이 둘을 어떻게 구분할 수 있을까? 최근 신경과학자들이 뇌의 보상체계가 두 가지 양식으로 존재한다는 것을 밝혀낸 점은 이러한 의문을 해결하는 데 좋은 단서를 제공한다.

흥미롭게도 사람의 뇌에서는 원하는 것과 좋아하는 것을 관장하는 영역이 서로 다르다.[21] '원함(Wanting) 시스템'은 선택이 일어나기 전에 외부의 목표대상에 욕구를 느끼는 정도에 따라 작동한다. 대조적으로 '좋아함(Liking) 시스템'은 선택을 한 후에 목표대상에 여전히 매력을 느끼는 정도에 따라 기능한다.[22]

공상, 환상, 망상, 그리고 중독은 기본적으로 원함 시스템과 좋아함 시스템 사이에 불일치가 나타나는 것과 관계가 있다. 이러한 행동들은 고통으로부터 벗어나기 위한 '회피동기'에 기초한 것으로, 부적절감, 불편감 및 심리적 고통 등의 심리사회적 부적응을 야기할 수 있다. 반면, 적응적인 전망은 원함 시스템과 좋아함 시스템의 공조가 잘 유지되는 상태에 해당하며 주로 즐거움을 찾아나서는 '접근동기'와 관계가 있다.

마약에 중독된 사람은 마약이 주는 쾌락에 이끌리게 되는 과정을 다음과 같이 표현한다. "헤로인에 빠져있을 때는 절대로 외롭지 않아요. 마치 애인이 있는 것 같아요."[23] 겉으로는 이 말이 쾌락을 경험하는 것처럼 보여도, 실제로는 마약중독자가 자신의 외로움을 고통스럽게 호소하는 것이다. 따라서 약물중독은 회피동기와 연관된 행동이라고 할 수 있다.

실제로 약물에 중독된 쥐는 약물을 섭취하는 동안 혐오반응을 나타낸다.[24] 이러한 결과는 약물에 중독된 쥐가 해당 약물을 간절히 원하는 것은 결코 그 약물을 좋아해서가 아니라는 점을 보여준다. 보통 마약에 중독되는 과정에서 신경회로가 손상된다.[25] 그 결과 일단 중독된 다음부터 마약은 중독자에게 쾌락을 주기보다는 신경회로의 손상으로 인한 끔찍한 고통을 일시적으로 경감시켜줄 뿐이다. 이런 점에서 원하는 것과 좋아하는 것을 구분하는 중요한 기준 중 하나는 '음미(吟味)'의 과정이 나타나는지 여부라고 할 수 있다.

기본적으로 적응적인 전망은 우리가 좋아하는 것을 선택하고 향유함으로써 삶에서 즐거움을 맛볼 수 있는 길을 열어준다. 하지만 좋아하는 일을 실천하는 것만으로는 충분하지 않다. 좋아하는 것과 사랑하는 것은 서로 다른 것이기 때문이다.

꽃을 좋아하는 사람은 마음만 먹으면 얼마든지 꽃을 바라보면서 만족감을 경험할 수 있다. 하지만 꽃을 그저 좋아하기만 하는 사람은, 꽃을 사랑하기에 물도 주고 정성껏 돌보는 사람이 경험하는 '기쁨(Joy)'은 맛보지 못한다. 왜냐하면, 프랑스 철학자 콩트-스퐁빌(A. Comte-Sponville)이 강조한 것처럼, 사랑이 없는 기쁨은 상상조차 할 수 없기 때문이다.[26]

행복의 본질은 쾌감이나 욕구 충족을 통한 만족감을 경험하는 데 있는 것이 아니라, 젖먹이 동물인 포유류의 핵심감정, 즉 관계가 선사하는 최상위의 긍정감정들을 경험하는 데 있다. 접근동기의 출발점에 욕구 충족을 통한 만족감이 있다면 그 종착점에는 기쁨이 있다. 만족감보다는 기쁨이 심리적으로 더 성숙한 감정에 해당된다. 왜냐하면, 쾌감이나 만족감은 고통을 배척하는 반면, 기쁨은 고통조차도 끌어안기 때문이다.

사실 고통을 수용할 줄 모르는 사람은 희망의 기쁨을 맛볼 수 없다.[27] 자기기만과는 달리, 희망의 기쁨은 기꺼이 슬퍼할 마음의 준비를 갖춘 사람만이 경험할 수 있다. 예를 들면, 장례식장에서는 쾌감이나 만족감은 찾아볼 수 없다. 죽음은 우리에게서 모든 쾌감과 만족감을 빼앗아가기 때문이다. 하지만 기쁨은 장례식장에서도 찾아볼 수 있다.[28] 오랜만에 지인들과 만나는 재회의 기쁨이 있고, 고인과의 추억을 기리는 기쁨이 있으며, 고인을 사랑하는 마음이 주는 기쁨이 있다.

결론적으로, 무언가를 간절히 원한다고 해서 꼭 그것을 좋아하게 되는 것은 아니며, 또 무언가를 정말 좋아한다고 해서 반드시 그것을 사랑하게 되지는 않는다는 것이다. 행복의 비밀은 원하는 것, 좋아하는 것 그리고 사랑하는 것의 차이를 이해하고 그 세 가지를 하나로 통합해낼 수 있는 전망을 지혜롭게 실천하는 데 있다. 오닐이 말한 대로, 희망은 죽음을 물리칠 수 있는 유일한 무기라고 할 수 있다. 하지만 실제로 삶에서 희망을 경험하기 위해서는 지혜로운 전망이 필수적이다.

비극적인 상황에서 우리가 전망할 수 있는 것

＿

정서의 나침판 과제에서 언급했던 주유소 아르바이트를 하다가 전신화상을 입게 된 사례의 주인공은 윤평실이다. 그가 비극적인 사건을 체험한 후에도 좌절하지 않고 자신의 삶을 개척해나간 이야기는 삶을 지혜롭게 전망하는 데 유익한 시사점을 준다.

윤평실은 사고 직후 한동안 자신의 외모에 대한 열등감 때문에 사람들 앞에 모습을 드러내지 못하고 숨어 지냈다. 그 무렵 그는 화상으로 뭉개져 몇 개 남지 않은 손가락을 사람들에게 내보이고 싶지 않아서 이를 감추기 위해 주머니가 큰 옷을 직접 만드는 일을 시작했다. 이것이 계기가 되어 나중에는 본격적으로 의상실 일을 하게 되었다.

윤평실이 인터뷰에서 밝힌 내용에 따르면, 의상실 일을 하면서부터 뭉개진 손은 더 이상 '미운 손'이 아니었다고 한다. 오히려 삶에서 새로운 '희망'을 느끼게 해준 '예쁜 손'인 동시에 '감사'한 마음을 심어준 '고마운 손'이 되었다고 한다.

그 후 윤평실은 좋은 남편을 만나 가정도 꾸리고 두 아들을 얻게 되었다. 하지만 안타깝게도 30대 후반의 나이에 남편을 교통사고로 먼저 떠나보내야 했다. 그럼에도 불구하고 삶에서 좌절하지 않고 한 번 더 힘을 내서 모진 세월을 살아냈다.

그에게는 장성한 두 아들이 있었다. 한 방송에서 직장 때문에 떨어져서 지내는 두 아들이 엄마를 방문해 저녁 식사를 하는 단란한 장면이 방영된 적이 있다. 저녁 식사를 하며 두 아들은 연신 "엄마 밥이 세상에서 가장 맛있다!"며 감탄하는 모습을 보였다. 그리고 장남은 엄마의 손을 어루만지면서 '세상에서 가장 예쁜 손'이라며 자랑스럽게 말했다.

5강에서 소개한 쥐 실험 결과를 떠올려보라. 심각한 스트레스가 삶에 부정적인 영향을 미칠 때 결정적인 요인은 비극적인 사건이 유발하는 고통의 강도가 아니다. 그보다는 비극적인 사건의 상처를 단 한 번이라도 제대로 극복한 적이 있는지 여부가 더 중요하다. 두 아들에게서 '세상에서 가장 예쁜 손'이라는 말을 듣는 순간, 윤평실은 적어도 그 순간만큼은 과거에 전신화상으로 입은 정신적인 상처로부터 온전히 벗어날 수 있었을 것이다.

세상에 자식들로부터 그러한 사랑을 받는 부모가 얼마나 되겠는가? 비록 찰나의 순간일지라도 그 말을 듣는 순간, 아마도 그는 자신이 세상에서 가장 행복한 사람 중 하나라는 느낌을 받았을 것이다. 하지만 이러한 특별한 경험을 하기 위해서는 윤평실이 아들의 말에서 신뢰감을 느낄 수 있어야 한다는 것이 전제 조건이다.

만약 똑같은 말을 듣고도 믿음 대신 불신의 감정을 경험한다면 어떻게 될까? 불신의 감정에 휩싸인 채로 살아가는 사람이라면,

똑같은 말을 듣더라도 자신의 아들이 유산상속을 기대하는 맥락에서 위선적인 말을 한 것이라고 느낄 수도 있다. 만약 그렇다면, 그러한 경험은 세상에서 가장 슬픈 일이 될 것이다.

하지만 방송을 끝까지 시청한 사람이라면 그가 두 아들의 진심 어린 마음에 강한 '믿음'을 갖고 있다는 것을 느낄 수 있었을 것이다. 그리고 그 과정에서 윤평실은 그러한 두 아들과 세상살이를 함께하는 것에 커다란 '기쁨'을 느꼈던 것으로 보인다. 또 그러한 감동을 경험한 순간 그는 자신에게 전신화상이라는 상처를 입히고도 모자라 사랑하는 남편을 교통사고로 빼앗아간 세상을 '용서'할 수 있었던 것으로 보인다.

윤평실에게는 의상실을 찾아온 손님으로 인연을 맺기 시작해, 그 후로도 만남을 이어간 많은 친구들이 있다. 그의 집은 친구들이 모이는 일종의 사랑방 역할을 했으며, 그곳에서 웃음꽃이 피어나는 모습을 지켜본 시청자라면, 누구라도 윤평실이 친구들과 '사랑'을 주고받는 사이라는 것을 쉽게 이해할 수 있었을 것이다.

윤평실은 은퇴한 다음부터 오랫동안 교통사고 환자를 돕는 자원봉사 활동을 꾸준히 실천했다. 심리학에서는 이러한 활동을 '이타주의'라고 부른다. 이타주의는 단순히 남을 돕는 것이 아니라, 자기 자신 또는 자신과 가까운 이들이 세상으로부터 받기를 간절히 바라는 것을 오히려 다른 사람에게 내주는 것을 말한다.

세상은 윤평실에게서 교통사고로 남편을 빼앗아갔다. 하지만, 그는 자신의 남편이 아닌 다른 교통사고 환자들을 꾸준히 보살폈다. 이런 점을 고려해볼 때, 윤평실이 먼저 떠나간 남편에게 '연민'의 감정을 가졌던 것으로 보인다. 하지만 남편에게 연민의 감정을 느꼈더라도 세상을 떠난 남편을 위해 실질적으로 할 수 있는 일은 없었다. 이러한 상황에서 그는 이타주의를 통해 남편에 대한 연민의 감정을 다른 교통사고 환자들에게 쏟았다. 연민의 감정을 세상을 위해 유익하게 쓴 것이다.

윤평실은 인터뷰를 하는 도중에 진정으로 환하게 웃으면서 화상의 상처로 가득한 자신의 얼굴이 예쁘다고 말했다. 그가 그렇게 자신 있게 말할 수 있었던 것은 아마 엄마의 뭉개진 손이 '세상에서 가장 예쁜 손'이라고 믿는 두 아들과 함께하고 있기 때문일 것이다.

성형수술을 받는다고 해서 화상의 상처로 가득한 얼굴을 예쁜 얼굴로 바꾸는 것은 사실상 불가능하다. 하지만 이처럼 심리적 동화는 상상이 아니라 현실에서 마치 연금술과도 같은 효과를 보여준다. 이런 점에서 심리적 동화는 심리학적 연금술로 불리기도 한다. 화상의 상처로 가득한 얼굴과 뭉개진 손으로 자신의 삶을 일궈나갔던 그의 여정을 지켜본 사람이라면, 그 누구라도 '경외감'을 느낄 수밖에 없기 때문이다. 물론, 윤평실 그 자신을 포함해서 말이다.

가슴이 이끄는 길을 따라가지 않을 이유가 없다
—

사실 대부분의 사람들은 위기 상황에서 거의 비슷한 행동을 한다. 그저 압도당하는 것이다. 알려진 상식과는 다르게, 불의의 사고로 차가운 물속에서 목숨을 잃는 사람들의 95%는 저체온증이 아닌 공포로 인해 사망한다. 이들의 체온은 오히려 정상에 가깝다.[29] 위기 대응 전문가들은 위기 상황에서 살아남는 것은 '처음 1분 동안' 어떻게 대처하는지가 결정적인 역할을 한다고 말하는데, 압도당한 사람들은 아무런 대처도 하지 못한 채 익사하거나 공포로 인한 심장마비로 사망한다.

이러한 점은 정신적인 위기에서도 마찬가지다. 만약 앞으로 예기치 않았던 비극적인 상황이 발생하게 된다면, 그 일이 일어나는 순간 곧바로 정서의 나침반을 떠올리기 바란다. 지혜로운 전망을 사용하는 사람이라면, 온갖 부정적인 감정들의 홍수 속에서도 기쁨, 희망, 믿음, 사랑, 감사, 연민, 용서, 경외감의 긍정감정들을 함께 떠올릴 것이다. 물론 위기 상황에서 반드시 모든 긍정감정들을 떠올려야 한다는 것이 아니다. 그 중 어떤 하나라도 생생하게 떠올릴 수 있다면 적어도 부정적인 감정들에 압도당하지 않을 수 있다.

우리의 내면에는 밤하늘의 별들만큼이나 다양한 감정들이 존재한다. 관계를 통해서만 경험할 수 있는 긍정감정들은 북극성과 유사하다. 사실, 전통적으로 밤하늘의 나침반 역할을 해왔던 북극성은 가장 밝게 빛나는 별이 아니다. 마찬가지로 삶에서도 긍정감정들은 가장 현저하게 드러나는 감정들은 아닐 수 있다. 하지만 중요한 것은 마치 밤하늘의 별자리들이 북극성을 중심으로 펼쳐지는 것처럼 인간의 모든 감정들 역시 최상위의 긍정감정들을 중심으로 펼쳐진다는 점이다.

스티브 잡스(Steve Jobs)는 2005년 스탠포드대학의 졸업 연설에서 "우리는 가슴이 이끄는 길을 따라가지 않을 이유가 없다"[30]라는 유명한 말을 남겼다. 우리의 가슴에는 심장이 있고 심장의 언어는 바로 긍정감정들이다.

인생을 항해할 때는, 항상 마음속 정서의 나침반이 최상위의 긍정감정들을 가리킬 수 있도록 준비해둬야 한다. 다만, 이러한 정서의 나침반 작업은 반드시 비극적인 사건을 경험하기 이전에 해두는 것이 중요하다. 제아무리 지적으로 영민한 사람도 미리 마음의 준비를 해두지 않은 상황에서 예기치 않았던 끔찍한 일을 겪게 된다면, 우리를 혼란스럽게 하는 부정적인 감정들에 압도당하기 쉽다. 반면, 만약 끔찍한 일이 발생하기 이전에 정서의 나침반 문제, 즉 인생에서 전망의 문제에 관해 미리 생각을 정리해둔다면, 비상상황에서 정신적인 혼란을 훨씬 덜 경험하게 될 것이다.

윤평실의 삶이 보여주듯이, 인생에서 비극은 언제든지 일어날 수 있을 뿐만 아니라, 과거에 비극을 이미 경험한 적이 있는 사람일지라도 얼마든지 또 다른 비극을 겪을 수 있다. 하지만 분명한 사실은 그러한 끔찍한 비극 속에서도 우리는 얼마든지 최상위의 긍정감정을 경험할 수 있다는 것이다. 행복의 본질은 관계가 선사하는 최상위의 긍정감정들을 경험하는 데 있고, 우리는 삶에서 비극적인 사건이 일어나는 것 자체를 완벽하게 통제하지 못하더라도 최상위의 긍정감정들을 경험함으로써 행복한 삶을 사는 것이 가능하다.

행복의 품격

7강

사랑:
친밀한 관계는
행복의 열쇠

혼자 파라다이스에서 사는 것보다 더 큰 형벌은 없다고 말했던 괴테의 말처럼, 행복은 오직 관계를 통해서만 경험할 수 있는 감정이다. 원하는 것, 좋아하는 것, 그리고 사랑하는 것을 통합해내는 과제를 달성하는 유일한 길은 바로 사랑을 하는 것이다. 우리는 사랑하는 대상에 대해서는 원하는 동시에 좋아하게 될 수밖에 없다.

이번 강의에서는 본격적으로 사랑의 기술을 소개하겠다. 사랑의 기술은 헤아릴 수 없을 만큼 다양하다. 다만, 여기에서는 흔히 사람들이 그 중요성을 알고 있지만, 일상생활에서는 부분적으로 놓치는 부분이 있는 사랑의 기술을 소개한다. 바로 선물, 칭찬 그리고 용서의 기술이다.

행복한 삶을 위해서는 친밀한 관계를 맺는 것이 중요하다는 것은 많은 사람이 알고 있는 상식이다. 그런데 하버드대학 성인발달 연구에서의 핵심 결론 중 하나는 행복한 삶을 사는 데는 친밀한 관계를 맺는 능력이 일반적으로 생각하는 것보다 훨씬 더 결정적인 역할을 한다는 사실이다. 전통적인 사고방식에서는 친밀감을 추구하는 것이 남성보다는 여성에게 더 어울린다고 보았으나, 하버드 대학의 성인발달연구의 결과는 이러한 생각이 편협한 것임을 분명하게 보여준다. 친밀한 관계는 건강만큼이나 남녀 모두에게 중요하다.

친밀감은 단순히 누군가를 좋아하는 감정, 그 이상의 경험이다. 첫 만남에서 누군가에게 호감을 느낄 수는 있지만, 친밀감을 경험하기까지는 상대적으로 오랜 시간이 걸린다. 또한 한번 획득한다고 해서 영원히 지속되는 것도 아니며, 어떤 관계에서든지 친밀감은 지속적인 보살핌을 필요로 한다.

5강에서 사막여우가 어린 왕자에게 관계를 내재화하는 심리적 과정에 대해 설명했던 내용을 떠올려보라. 친밀한 관계를 위해서는 시간의 변덕을 견뎌낼 줄 알아야 한다. 이런 맥락에서 하버드 성인발달연구에서는 친밀한 관계를 '다른 사람과 10년 이상 따뜻하고 상호 의존적이며 헌신적인 방식으로 관계를 유지하는 것'이라고 정의했다.[1]

사람들 중에는 박탈이나 결핍의 문제 때문에 생애 초기부터 친밀한 관계를 형성하는 데 불리한 조건에서 삶을 출발하는 이들도 있다. 하지만 다행스럽게도 하버드 성인발달연구는 어린 시절에 받은 상처가 평생토록 삶을 황폐하게 만들지는 않는다는 점을 보여줬다.[2] 바로 친밀한 관계의 치유 효과 때문이다. 특히 한번 형성된 친밀한 관계는 상호 간의 노력으로 사실상 평생 유지하는 것이 가능하다. 이런 점에서 친밀감을 형성할 수 있는 능력을 갖는다는 것은 축복임이 분명하다.

선물의 기술

행복의 문제와 관련해서 자신의 현재 모습을 점검할 때, 유용하게 활용할 수 있는 지표가 있다. 자신이 선물을 받았을 때, 선물을 준 사람에게 어떤 말과 행동을 하는가 하는 점이다. 근래 선물을 받았던 경험을 떠올리며, 그 순간 내가 어떤 말과 행동을 했는지 기억을 더듬어보자. 생각이 정리되었다면, 당신의 답을 아래의 대사와 비교해보라.

"뭘 이런 걸 다, 이런 거 안 줘도 되는데…."

많은 사람들이 선물을 받았을 때, 순간적으로 당황해 위와 유사한 반응을 보인다. 흔히 보이는 이러한 일반적인 반응을 4강에서 소개했던 낙관성 이론에 적용해보자. 낙관성의 정의는 '좋은 일은 최대로' 그리고 '안 좋은 일은 최소로' 일어날 수밖에 없도록 생각을 조직화하고 행동으로 실천하는 것이다. 이 기준에 따르면,

명백히 선물을 받는 상황은 좋은 일에 해당된다. 다시 말하면 이 상황에서 낙관적인 행동이란, 선물을 받았을 때 가능한 한 유사한 상황에서 선물을 더 많이 받는 데 유리한 말과 행동을 하면 되는 것이다.

이에 따르면 "이런 거 안 줘도 되는데"라고 말하는 것처럼, 선물을 받았을 때 '마치 받아서는 안 될 것을 받았다는 듯' 말하고 행동하는 사람들은 그만큼 평생에 걸쳐 선물을 적게 받을 확률이 높다. 하지만 낙관적인 사람은 선물을 받으면 유사한 상황에서 그 사람이 '선물을 또다시 들고 오지 않고는 못 배기게끔' 말하고 행동한다. 그 결과, 낙관적인 사람들은 그렇지 않은 사람들보다 평생에 걸쳐서 훨씬 더 많은 선물을 받게 된다. 이런 점에서 일상생활에서 선물을 얼마나 많이 받는가 하는 것은 행복한 삶의 지표 중 하나가 될 수 있다. 자신이 일상생활에서 받은 선물의 개수를 한번 헤아려 보자.

단, 직장 등 공적인 영역에서 만난 사람들로부터 받은 선물이 아니라, 사적인 생활 영역에서 받은 선물만을 집계해야 한다. 예를 들면, 직장상사나 거래처에서 보낸 명절선물은 제외하고서 가족, 친구, 선후배 등 사생활 영역에서 친분이 있는 사람들과 주고받는 선물을 기준으로 삼아야 한다.

내 삶이 행복한 방향으로 나아가고 있는지 여부를 판단할 때는 스스로 행복하다고 믿는 것만으로는 충분하지 않다. 누구든지 명확하게 확인할 수 있고 동의할 수 있는 객관적인 증거를 바탕으로 평가하는 것이 중요하다. 물론, 선물에는 물질적인 것들(명절선물 등)뿐만 아니라 비물질적인 것들(칭찬 등)도 존재한다. 다만, 행복한 삶을 위한 핵심 지표로서 선물의 문제를 다룰 때는 편의상 물질적인 것들을 기준으로 삼는 것이 실용적이다. 왜냐하면, 비물질적인 것들까지 포함시키게 되면, 객관적인 증거(선물의 개수 등)를 바탕으로 내 삶의 모습을 가늠해보기 어렵기 때문이다.

선물과 사랑은 세 가지 공통점이 있다. 첫째, 선물과 사랑은 둘 다 받아본 적이 있는 사람이 더 잘 받는 법이다. 그래서 '빈익빈(貧益貧)'과 '부익부(富益富)' 즉, 없는 사람은 더욱더 없이 살게 되고 가진 사람은 더욱더 많이 갖게 되는 현상이 나타난다. 둘째, 선물과 사랑은 둘 다 받는 것보다 주는 것이 상대적으로 더 어려운 법이다. 그 두 가지 모두 제대로 받아본 적이 없는 사람은 주는 방법도 모르게 된다. 셋째, 선물과 사랑은 둘 다 나눠주면 나눠줄수록 다시 더 많이 되돌아오는 법이다. '인지상정'이란 그런 것이기 때문이다. 이런 맥락에서 선물을 잘 받는 기술부터 살펴보도록 하자.

한국인이라면 누구나 알고 있는 '선물의 대가'가 있다. 그는 고령의 나이에도 불구하고 전국 방방곡곡을 돌아다니면서 선물을 수집하면서 생활하고 있다. 누군지 짐작이 가지 않는가? 바로 송해다.

송해가 〈힐링캠프, 기쁘지 아니한가〉에 출연했을 때, 선물 잘 받는 기술을 선보인 적이 있다.[3] 방송의 후반부에 관례대로 이경규를 비롯한 프로그램 MC들이 송해에게 자그마한 선물을 전달했다. 그때 송해는 선물을 받자마자 그 자리에서 포장을 풀었다. 선물이 모습을 드러내자마자, 송해는 즉각적으로 감탄하면서 말했다. "야~ 너무 예쁘다! 가만있어보자, 사이즈를 봐야겠다. 그래, 그래~ 야~ 이거 맞췄네. 245!"

이 모습을 본 MC들은 기뻐하면서 웃음으로 화답했다. 이경규가 송해의 기뻐하는 모습에 웃으면서 한마디 했다. "밝은 색을 좋아하신다고 해서 파란색으로 준비를 했는데 마음에 드십니까~?" 그러자 송해는 "점점 푸르르라고~"라고 만족해하면서 대답했고 MC들은 웃으면서 "너무 잘 어울리시네요, 파란색이"라고 이구동성으로 맞장구쳤다. 그 후 송해는 곧바로 신발을 신고 자리에서 일어나 "야~ 이 얼마나 좋아!"라며 기뻐했다. 그 모습을 지켜본 김제동은 감탄하면서 이렇게 말했다. "이 바지에 이렇게 신으시니까, 색상이 제주 푸른 바다에 감귤 나무 같습니다. 기가 막힙니다!" 이 말을 들은 송해는 바로 이어서 "내가? 야~ 좋다! 따 먹지 말어~잉!"이라고 되받았고 그 말에 촬영장은 웃음바다가 되었다.

놀랍게도 MC들이 송해에게 자그마한 선물을 전달한 지 불과 50초 사이 무려 다섯 번이나 출연진들 사이에서 웃음꽃이 피어났다. 이것이 바로 선물을 잘 받는 기술이다. 선물을 잘 받는 기술은 선물을 준 사람이 그 사람에게 선물을 주는 것이 즐거워서 자꾸만 더 주고 싶어지도록 만드는 것이다.

행복 프로그램을 진행하다 보면, 가끔 선물 받는 것을 부담스러워하는 사람들을 만날 때가 있다. 특히 나이든 분들 중에는 "자식들에게 하나라도 더 못 해준 것이 한인데, 어렵게 생활하는 자식들이 선물을 가져왔을 때, 형편을 뻔히 아는 내가 그걸 어떻게 받나?"라고 반문을 하는 분들도 제법 있다. 이것은 행복의 문제에서 중요한 동시에 그리 간단한 문제가 아니라서 조금 더 찬찬히 살펴볼 필요가 있다.

선물을 기준으로 할 경우, 사람들은 다음의 네 가지 유형으로 구분할 수 있다. 첫째, 선물을 안 받는 동시에 안 주는 유형이다. 둘째, 선물을 받기만 하고 주지는 않는 유형이다. 셋째, 선물을 주기만 하고 안 받는 유형이다. 마지막으로, 선물을 잘 주는 동시에 잘 받는 유형이다.

세 번째 유형, 즉 선물을 주기만 하고 받지는 않는 유형이 도덕적인 것 같은 인상을 주기도 한다. 하지만 행복을 기준으로 한다면, 세 번째 유형의 실제 결과는 당사자들이 일반적으로 기대하는 것과는 사뭇 다르다. 왜냐하면, 그처럼 일방적인 관계에서는 선물을 받는 사람의 마음이 불편해지기 마련이다. 그리고 이렇게 선물을 받는 사람이 불편해하면 결과적으로 선물을 주는 사람마저도 불만족스럽다.

관계에서의 핵심적인 가치는 바로 '호혜성(互惠性)'이다. 만약 누군가가 자신이 받은 것을 상대방에게 몇 배 이상 되돌려줄 마음의 준비를 갖추고 있기만 하다면, 선물처럼 좋은 것을 안 받을 이유는 없다. 이쯤에서 낙관성 이론을 다시 한번 고려해보자. 선물을 받는 것도 좋은 일이고 선물을 주는 것도 좋은 일이다. 따라서 네 가지 유형 중 좋은 일이 가장 많이 일어날 수 있는 유형은 네 번째 유형이 될 수밖에 없다. 즉, 선물과 관련해서 가장 행복해지는 데 유리한 유형은 선물을 잘 주는 동시에 잘 받는 유형이다. 미국의 사상가 랄프 에머슨(Ralph W. Emerson)이 말한 것처럼, "행복이라는 선물은 받을 줄 아는 자의 몫이다"[4]라는 점을 기억하기 바란다.

잘 받는 것만큼 주는 것도 중요하다

행복한 삶을 위해서는 선물을 잘 받는 것만큼이나 잘 주는 것도 중요하다. TV 프로그램들에서 장동민이 소개한 유재석과의 일화는 선물을 잘 주는 기술과 관련해 중요한 시사점을 준다.

장동민은 한때 하던 일이 잘 안 풀려서 거액의 사채 빚을 지고 극단적인 선택까지도 고민하면서 지내던 시절이 있었다.[5] 그러던 어느 날 '인생의 마지막 술이다'라고 생각하면서 신세한탄을 하며 혼자 술을 마시고 있을 때였다. 술집에 있던 손님이 그를 알아보고서 사진을 함께 찍어 달라는 부탁을 했으나, 장동민은 그럴 기분이 아니었기에 정중하게 사과하며 거절했다. 그러자 그 손님은 매우 불쾌해하면서 "지가 유재석이야 뭐야, 유재석도 찍어줬는데, 아이, 재수 없어!"라고 말했다. 이 말을 들은 그는 '왜 유재석은 사람들마다 사진을 찍어줘서 내가 저런 소리를 들어야 돼?'라는 생각이 들어 짜증이 났다.

화풀이라도 해야 분이 풀리겠다는 생각이 들었던 장동민은 그 전까지 서로 이름만 알고 있을뿐 한 번도 전화통화를 하거나 만난 적이 없었던 유재석의 전화번호를 수소문해서 알아냈다.[6] 그리고는 그 자리에서 바로 유재석에게 같이 술 한잔하자며 전화했다. 술을 전혀 하지 않는 유재석에게 그것도 비 오는 날 밤 늦은 시각에, 한 번도 만난 적이 없었던 장동민의 전화는 매우 도발적인 인상을 줬을 것이다. 하지만 유재석은 잠시의 망설임도 없이 "만나자"고 대답했고 그날 밤 둘은 만나서 많은 이야기를 나눴다.

다음에 소개하는 것처럼, 그날 밤 둘 사이에 있었던 이야기를 들어보면, 분명히 유재석이 장동민에게 여러 가지 선물을 준 것을 확인할 수 있다. 다음의 이야기를 들으면서 유재석이 장동민에게 어떤 선물들을 줬는지 생각해보자. 장동민은 그날 밤 있었던 일을 다음과 같이 말했다.

"원래 그 정도 위치면 (선배로서 팔짱을 끼고서 후배에게) '야, 인마~' 하고 그렇게 되는데 (유재석은) 내가 뭔가 안 좋다는 것을 안 거예요. 제 첫마디가 이거였어요. 아무도 내 이야기 안 들어주는데 국민 MC니까 제 말 좀 들어주세요. 그러자 (유재석은) '그래, 동민아~ 잘 찾아왔어. 나도 네 이야기를 너무 듣고 싶더라'라고 하는 거예요. 그날 평생 살면서 있었던 일을 다 이야기하고 속에 있던 말을 다 털어놓고 났더니, 결론적으로 느낀 게 '아~ 열심히 살아야겠다'였어요. 조언이고 뭐고 없었어요. 그냥 제 이야기를 한 번도 안 끊고 다 들어주고 '그래~ 내가 네 상황이 아니라서 이해한다고는 못 하겠다. 내가 감히 어떻게 너를 이해하겠니. 정말 이야기할 게 없다 ~ 진짜!'라고. 다른 사람들하고는 달랐어요. 그러고 나서 제가 '열심히 살겠습니다'라고 결론을 내렸어요. 비가 오는 날이었는데 우산을 씌워주고 큰길까지 나와서 택시를 잡아주더니 지갑에 있는 돈을 제게 다 줬어요. 제가 '됐습니다' 하고 사양하니까 '택시 타고 남은 돈은 어머니 용돈 드려라'라고 하더라고요. '아, 정말 내가 열심히 살아서 은혜를 갚아야 할 첫 번째 사람이구나!'라고 생각했어요."

장동민의 이야기를 들은 대부분의 사람들은 이날 밤 유재석이 장동민에게 준 선물이 경청, 공감, 돈이라고 대답한다. 그렇다! 이러한 선물들이 장동민의 인생을 바꾸는 데 틀림없이 기여했을 것이다. 하지만 그 밖에도 중요한 선물 하나를 놓쳐서는 안 된다.

바로 시간이라는 선물이다. 장동민은 비 오는 날, 밤늦은 시각에 술을 전혀 하지도 않고 한 번도 만난 적이 없으며 바쁜 것으로 말하자면 둘째가라면 서러워할 유재석이 기꺼이 시간을 내서 나가겠다고 대답한 순간부터 서서히 바뀌기 시작했다고 할 수 있다. 이것이 바로 시간이라는 선물이 사람의 마음을 움직이는 비결이다.

가장 가치 있는 선물, 시간

삶에서 누군가에게 시간을 선물하는 것은 특별한 효과를 갖는다. 돈이 많은 사람은 가난한 사람에게 커다란 애정을 갖고 있지 않더라도 돈을 기부할 수 있다. 그 기부금이 가난한 사람들에게는 큰돈에 해당되더라도 부자에게는 별로 부담되지 않을 수 있기 때문이다.

하지만 시간은 다르다. 모든 사람들에게 시간은 똑같이 소중한 법이다. 따라서 시간은 마음속에 품고 있는 소중한 사람이 아니라면, 어지간해서는 정말 내주기 어렵다. 그렇기 때문에 심리적 동화가 일어나지 않은 대상에게 시간을 선물하는 것은 거의 불가능에 가깝다.

유재석이 장동민에게 시간을 선물할 수 있었던 비결 중 하나도 바로 심리적 동화다. 그도 과거 학창시절에 아버지가 사업에 실패해 매우 어렵게 살았던 적이 있었다.[7] 이런 이유로 유재석은 거액의 사채 빚 때문에 고통을 받던 장동민에게 동병상련의 아픔을 공유할 수 있었을 것이다.

심리학적으로 시간을 선물한다는 것은 소중한 사람이 원하는 것을 들어주기 위해 품을 들여서 노력하는 것을 말한다. 이때 구체적으로 무엇을 하느냐는 중요하지 않다. 상대방이 내가 해주기를 간절히 바라는 일을 성심껏 실천하면 그것이 바로 시간을 선물하는 것이다.

예를 들어, 맞벌이 부부가 있다고 가정해보자. 아내가 이전에 부탁했었지만 바빠서 가구 수리와 같은 일을 미루던 남편이 주말이나 휴일에 짬을 내서 아내가 바라던 일을 해주면, 이것이 바로 시간을 선물하는 것이다. 또 늘 생각은 하고 있었지만 평상시 바빠서 식구들이 좋아하는 음식을 좀처럼 해주지 못하던 아내가 주말이나 휴일 등에 짬을 내서 식구들이 좋아하는 요리를 정성껏 만들어주면, 이것도 시간을 선물하는 것이 된다. 시간을 선물할 때도 지혜가 필요하다. 다음의 두 가지는 시간을 선물할 때 주의해야 할 사항이다.

첫째, 시간을 선물할 때는 내가 해주고 싶은 것을 하는 것이 아니라 상대방이 간절히 바라는 것을 들어줘야 한다. 어떤 관계에서든지 친밀한 관계를 적으로 만드는 지름길은 바로 초대받지 않은 곳에 불쑥 찾아가는 것이다. 구체적으로 무엇을 주는지는 중요하지 않다. 흔히 부모는 자녀에게 지혜로운 조언을 들려주고 싶어 한다. 하지만 자녀가 들을만한 마음의 준비가 안 되어있을 때 부모가 조언을 하면, 그 조언이 아무리 가치 있는 말이라 하더라도 자녀는 귀를 닫아버린다. 잔소리가 되기 때문이다. 세상에 잔소리를 늘어놓는 부모를 좋아할 자녀는 존재하지 않는다.

도움을 주는 경우도 마찬가지다. 부모는 자녀에게 많은 도움을 주고 싶어 한다. 하지만 자녀가 도움받을 마음의 준비가 안 되어 있을 때 부모가 도움을 주면, 그 도움이 아무리 가치 있는 것이라 하더라도, 자녀는 마음의 문을 굳게 닫아버린다. 간섭하는 것이 되기 때문이다. 세상에 간섭하는 부모를 좋아할 자녀 역시 존재하지 않는다. 소중한 사람을 위해 시간을 선물하려 할 때 반드시 확인해야 할 점은 상대방이 나의 조언이나 도움을 받을 마음의 준비가 되어있는가 하는 점이다. 만약 애매하다면, 직접 물어보는 것이 좋다.

둘째, 시간을 선물한 다음에는 절대 생색내면 안 된다. 생색을 내는 순간 그 즉시 시간을 선물하는 특별한 효과가 사라져버릴 뿐만 아니라, 차라리 안 하느니만 못한 결과를 낳을 수 있기 때문이다.

지금까지 살펴본 것처럼, 사랑의 본질 중 하나는 바로 시간을 선물하는 것이다. 좋아하는 사람들 중에서 내가 진정으로 사랑하는 사람을 알고 싶다면, 아무리 바쁘더라도 상대방이 간절히 원하기만 한다면, 기꺼이 시간을 선물할 수 있는 사람을 찾으면 된다. 그 반대도 마찬가지다. 나를 진정으로 사랑하는 사람이 누군지 알고 싶다면, 그 사람이 나를 위해 시간을 얼마나 선물하는지를 확인해보면 된다. 이처럼 행복의 비결 중 하나는 원하는 것, 좋아하는 것 그리고 사랑하는 것을 지혜롭게 구분하는 데 있다.

칭찬의 기술

많은 사람들이 비교적 쉽다고 생각하는 행복의 기술 중 하나가 바로 칭찬의 기술이다. 하지만 다른 기술들과 마찬가지로 칭찬의 기술 역시 인생 공부가 필요하다.

칭찬의 기술을 잘 활용하기 위해서 가장 먼저 확인해야 할 것은 칭찬이 필요한 경우와 그렇지 않은 경우를 구분하는 것이다. 많은 사람들은 이 두 가지를 혼동하는 경향이 있다. 예를 들어보자. 다음은 칭찬이 필요한 경우인가, 아닌가?

행복 프로그램을 진행해보면 일반적으로 사람들은 자녀의 성적이 향상된 것을 칭찬하겠다고 답한다. 하지만 심리학적인 관점에서 보면, 이것은 칭찬의 대상으로는 적합하지 않다. 이처럼 성적이 향상된 것에 칭찬하면 칭찬받은 사람은 기뻐하면서도 동시에 부담감을 느끼게 된다. 왜냐하면, 다음번 시험에서도 성적이 향상된다는 보장이 없기 때문이다. 특히, 다음번 시험에서는 오히려 성적이 이번보다 더 낮아질 가능성마저 있다면, 부담감을 넘어서 불안의 감정을 경험할 수도 있다.

칭찬은 당사자가 마음먹기만 하면 사실상 동일한 결과를 얻는 것이 보장되는 경우에 하는 것이 효과적이다. 따라서 시험성적이 오르는 것이나 승진하는 것 등은 칭찬의 대상으로는 적절하지 않다. 그렇다면, 이런 경우에는 칭찬 대신 무엇을 해야 할까? 이 질문에 대한 해설을 읽기 전에 한번 답해보라.

답은 바로 '함께 기뻐하는 것'이다. 심리학자 셀리그만에 따르면, 사람들이 인간관계에서 다른 사람들에 대해 나타내는 반응은 크게 네 가지가 있다.[8] '적극적이고 파괴적인 반응', '소극적이고 파괴적인 반응', '소극적이고 건설적인 반응', '적극적이고 건설적인 반응.' 이 네 가지 반응 중 적극적이고 건설적인 반응을 보이는 것이 바로 함께 기뻐하는 것에 해당한다.

일례로 직장에서 후배가 "저 오늘 승진했어요"라고 말하는 상황을 살펴보자. 적극적이고 파괴적인 반응은 "앞으로 일도 늘고 더 힘들어지겠군"이라고 말하는 것이다. 또 소극적이고 파괴적인 반응은 "그런데 혹시 어제 내가 부탁한 일은 어떻게 됐어?"라는 식으로 딴소리를 하는 것이다. 그리고 소극적이고 건설적인 반응은 얼굴로는 그다지 기쁜 표정을 짓지 않는 상태로 말로만 "잘 되었네. 축하해"라고 말하는 것이다. 마지막으로, 적극적이고 건설적인 반응은 애정 어린 시선으로 기쁜 표정을 지으면서 "대단해! 정말 자랑스러워! 축하파티를 해야겠다!"라고 말하는 것이다.

칭찬의 기술에서 핵심 포인트는 다음 두 가지다. 첫째, 능력이 아니라 노력에 초점을 둔다. 둘째, 칭찬하는 사람이 하고 싶은 말을 하는 것이 아니라 칭찬받는 사람이 가장 듣고 싶어 하는 내용을 칭찬으로 표현하는 것이다.

심리학자 캐롤 드웩(Carol Dweck)은 능력에 초점을 맞춘 칭찬의 위험성을 일깨워주는 흥미로운 실험을 진행했다.[9] 이 연구에서는 청소년들에게 어려운 문제를 풀게 한 다음, 한 집단에는 시험 결과를 알려주면서 "좋은 점수를 받는 것을 보니 실력이 뛰어나구나"라는 식으로 능력에 초점을 맞춘 칭찬을 했다. 또 다른 집단에는 "정말 열심히 문제를 풀었나보구나"라는 식으로 노력에 초점을 맞춘 칭찬을 했다.

그 과정에서 각 집단은 암묵적으로 '능력에 초점을 맞추는 태도'와 '노력에 초점을 맞추는 태도'를 형성하게 됐다. 나중에 어렵지만 배울 것이 있는 도전적인 문제를 풀어야 하는 상황에 직면했을 때, 능력에 초점을 맞춘 칭찬을 받았던 집단은 실패를 두려워하는 동시에 도전하는 것을 포기하는 모습을 보였다. 이와 달리, 노력에 초점을 맞춘 칭찬을 받은 학생들은 90%가 도전하는 것을 선택했다. 특히 능력에 초점을 맞춘 칭찬을 받았던 학생은 상대적으로 이전보다도 과제에서의 수행 수준이 떨어진 반면, 노력에 초점을 맞춘 칭찬을 받은 학생들은 이전보다 더 향상된 수행을 나타냈다.

〈배우학교〉라는 TV 프로그램에서 박신양이 장수원의 연기 멘토 역할을 하는 모습은 칭찬의 기술과 관련해 중요한 시사점을 준다.[10] '로봇연기'[11]로 정평이 나있던 장수원은 다른 배우들과 연기 연습을 하면서 자신이 연기력으로 칭찬받을 것이라고는 전혀 예상하지 못했다. 그가 프로그램의 마지막회에서 직접 고백한 바에 따르면, 〈배우학교〉라는 예능 프로그램에 참여한다고 해서 자신의 연기력이 향상될 것이라고 별로 기대하지 않았기 때문에, 처음에는 노력하는 척만 해야겠다고 생각했다고 한다.

그러던 어느 날 장수원은 무대에서 연기 연습 도중에 자신의 연기가 부자연스럽다는 생각이 들어 어떻게 해야 할지 몰라 힘들어하면서 중단했다. 나중에 그는 인터뷰에서 이때의 경험에 대해 "끼가 있는 것 같지도 않고 잘하는 것 같지도 않은데 스스로 계속 힘들다고 생각을 하면서 했다"고 설명했다.

그때 놀랍게도 박신양은 "어색할 때 끊고 가는 건 참 좋은 거다"라고 말하면서 장수원의 행동을 칭찬했다. "나는 수원이가 솔직해서 좋았어. 안 믿어졌기 때문에 더 이상 진행하지 않았어. 나는 그 솔직함이 맘에 들어." 이 이야기를 들은 그는 울컥하면서 눈물을 쏟았다.

장수원은 이 경험에 대해 이렇게 말했다. "확실한 건, 선생님에 대한 생각이 첫날과는 많이 바뀌었다는 것입니다." 이처럼 칭찬은 받는 사람이 가장 듣고 싶어 하는 내용을 칭찬으로 표현할 때 가장 효과적일 수 있다. 하지만 칭찬은 객관적인 사실에 기초한 진실을 담고 있다는 점에서 마음에 없는 겉치레 말을 하는 것과는 다르다.

그렇다면, 칭찬은 왜 중요한가? 미국 UCLA 농구팀의 전설적인 감독 존 우든(John Wooden)이 전하는 메시지는 이 문제에 중요한 시사점을 준다. 그는 감독으로서 미국의 대학농구 대회에서 12년간 무려 10회나 우승한 대기록을 갖고 있다. 그의 지론에 따르면, 인생에서 승리하는 것과 성공하는 것은 다른 것이다.[12] 경쟁에서 승리한다고 해서 그러한 승리가 모두 성공으로 연결되는 것은 아니다. 경기에 승리를 하더라도 스스로 결과에 만족하지 못하거나 성취감을 느끼지 못하는 일은 얼마든지 일어날 수 있기 때문이다. 이런 점에서 우든은 "최선을 다하는 것이 바로 성공"이라고 주장했다.

그의 말처럼, 인생에서 승리가 아니라 성공하기 위해서는 최선의 노력을 하는 것이 중요하다. 앞에서 소개한 것처럼, 칭찬의 본질은 바로 노력에 초점을 둔 칭찬을 하는 데 있기 때문이다. 칭찬이 없다면 성공도 존재할 수 없다.

그렇다면, 칭찬을 받기 위해서는 얼마만큼의 노력이 필요한가? 그래미상을 세 번 수상하고 로큰롤 명예의 전당에도 헌액된 미국의 싱어송라이터 빌 위더스(Bill Withers)는 "'괜찮아'를 거치지 않고 '훌륭해'에 다다를 수는 없다"[13]고 조언한 적이 있다. 칭찬은 '훌륭할 정도'로 노력했을 때 필요한 것이 아니라, '이만하면 괜찮은 정도'로 노력했을 때 필요한 것이다.

요약하자면, 좋은 성적(또는 결과)에 대해서는 함께 기뻐하는 것이 중요하다. 그리고 성적(또는 결과)과는 무관하게 능력이 아니라 노력에 대해서 칭찬을 하는 것이 지혜로운 칭찬의 기술이다.

용서의 기술

포유라는 말의 어원은 바로 라틴어 '맘마(mamma)'로, 젖가슴이라는 뜻이다.[14] 한자어 포유(哺乳)라는 단어 역시 어미가 자신의 젖으로 새끼를 먹여 기른다는 의미다. 모든 포유류가 공유하는 특징 중 하나는 어미와 새끼 사이의 끈끈한 '유대(紐帶)'다.

한자어로 유대의 의미는 '끈과 띠'라는 뜻이다. 만약 용서가 없다면, 유대관계도 존재할 수 없을 것이다. 용서가 존재하지 않는다면, 관계는 사소한 갈등과 충돌에 의해서도 쉽게 끊어져버릴 것이기 때문이다. 이런 점에서 용서는 포유류의 핵심감정 중 하나라고 할 수 있다.

용서의 기술을 지혜롭게 활용하기 위해서는 세 가지 전제조건을 확인해야 한다. 첫 번째 전제조건은 용서가 필요한 상황과 그렇지 않은 상황을 구분해야 한다는 점이다. 자신이 아는 모든 사람을 용서하려고 하다가는 화병에 걸리게 될 것이다. 그러므로 용서의 기술은 무턱대고 사용해서는 안 된다. 문제 상황에 처했을 때, 먼저 합리적인 사고를 통해 관계를 유지할 것인지 여부를 판단해야 한다. 숙고한 결과, 관계를 정리하는 것이 필요하다고 판단된다면, 그때는 관계를 끊는 것이 서로가 행복해지는 데 도움이 될 수 있다.

이러한 점은 부부관계에서도 마찬가지다. 하버드대학의 성인발달연구는 따뜻한 유대감을 공유하지 못한 채 형식적으로만 결혼생활을 오래 지속한 참여자들보다는 이혼 후 성공적인 재혼을 한 참여자들이 더 행복한 삶을 살게 된다는 점을 보여준다.[15] 문제는 우리가 아무리 관계를 끊고 싶어도, 관계를 끊는 것이 불가능한 상황이 존재한다는 점이다. 그 대표적인 예가 바로 혈연관계다. 이른바 '천륜(天倫)'이라고 하는 부모 및 형제자매 관계는 누군가가 끊고 싶다고 해서 끊을 수 있는 것이 아니다. 용서는 바로, 이러한 상황에서 필요한 것이다.

용서의 기술과 관련된 두 번째 전제조건은 용서와 행복의 관계에 대한 것이다. 독일의 작가 하인리히 하이네(Heinrich Heine)의 에세이는 용서와 행복의 관계를 잘 보여준다. "내 소원은 이렇다. 자그마한 오두막집, 편안한 침대, 신선한 버터와 유유를 곁들인 좋은 음식, 창밖의 꽃들, 그리고 문 앞의 아름드리나무들. 만약 신이 내게 완벽한 행복을 허락한다면, 그 나무들에 매달린 예닐곱 명의 내 적들."[16]

물론 작가는 풍자의 목적으로 쓴 것이지만, 만약 이러한 소원을 갖고 있는 사람이 있다면, 과연 행복한 삶을 살 수 있을까? 물론, 불가능할 것이다. 이런 점에서 용서의 기술과 관련된 두 번째 전제조건은 용서할 줄 모르는 사람이 행복해지는 것은 불가능하다는 것이다.

용서의 기술과 관련된 세 번째 전제조건은 용서의 정의에 대한 것이다. 행복 프로그램에서 행복한 삶을 위해 용서가 필요하다는 점을 강조하면 가끔 다음과 같이 항변하는 사람들이 있다. "선생님은 제가 처한 상황을 잘 몰라서 그래요. 만약 선생님이 제 사정을 알게 된다면, 절대로 그 사람을 용서할 수 없을 거예요."

긍정심리학에서는 누구나 쉽게 용서할 수 있는 대상을 용서하는 것을 용서라고 부르지 않는다. 그 누구도 쉽게 용서할 수 없는 대상을 용서하는 것을 비로소 용서라고 부른다.

용서의 기술과 관련된 이 세 가지 전제조건을 종합하면, 자연스럽게 다음과 같은 결론에 도달한다. 용서는 '선택의 문제'라는 것이다. 누군가 다시는 보고 싶지 않을 정도로 미운 사람이 있을 때, 우리는 용서와 관련해서 다음의 둘 중 하나를 선택할 수 있다.

첫째, 그 사람을 용서하지 않기로 선택하는 것이다. 그 사람이 너무나 미워서 용서를 하느니 차라리 나 자신이 불행하게 사는 것을 선택하는 것이다. 다시 한번 강조하자면, 용서가 중요한 상황에서 용서할 줄 모르는 사람이 행복해지는 것은 불가능하다.

둘째, 그 사람을 용서하기로 선택하는 것이다. 이러한 선택은 오직 다음과 같은 경우에만 이뤄질 수 있다. 그 사람이 너무나도 밉지만, 그 사람을 용서하기 싫어하는 마음보다 스스로 행복하게 살고 싶은 마음이 조금 더 간절할 때다.

TV 드라마 〈너의 목소리가 들려〉에서는 용서하는 마음이 어떤 것인지를 잘 보여주는 장면이 나온다.[17] 극중에서 황달중은 억울한 옥살이로 무려 26년 동안이나 딸과 자신의 인생을 잃어버린다. 그뿐만 아니라 나중에는 시한부 인생을 사는 신세까지 된다. 극의 후반부에 이르러 모든 사건의 진실이 밝혀지고 공소가 기각되자, 풀려난 황달중에게 변호사는 이 모든 사건의 원흉인 서대석 판사에게 화가 나지 않느냐고 물었다. 그러자 황달중은 이렇게 답했다.

"화나죠. 죽이고 싶을 만큼 화나죠. 근데 용서했어요." 그러자 변호사는 "응? 용서? 어휴, 그게 어떻게 용서가 되나? 그게 어떻게 돼?"라고 반문했다. 이때 황달중은 다음과 같이 말했다. "시간이 얼마 없잖아요. 내 남은 인생, 누군가를 미워하는 데 쓰고 싶지 않아요. 죽기 전에 내가 느끼는 마지막 감정이 그렇게 흉한 게 아니었으면 좋겠어요. 그래서 용서하는 겁니다."

베일런트는 용서의 주요 특징을 다음과 같이 요약했다.[18] 첫째, 용서는 가해자의 죄를 너그럽게 봐주는 것이 아니라, 가해자가 참회함으로써 가해자의 미래 행동이 바뀔 수 있도록 기회를 주는 것이다. 이런 점에서 용서는 정의를 포기하는 것이 아니라 진정한 정의를 실현하기 위한 것이다. 둘째, 용서는 과거에 대한 것이 아니라 미래에 대한 것이다. 그렇기 때문에 용서를 한다고 해도 과거의 고통이 사라지지는 않는다. 다만 용서를 하는 사람과 받는 사람이 용서가 이뤄지지 않았을 때 겪게 될 미래의 고통을 경감할 수 있을 뿐이다. 마지막으로, 용서의 기쁨은 용서를 받는 사람이 아니라 용서를 실천하는 사람에게 찾아온다는 점이다.

8강

소통:
말이 아니라
대화가 필요하다

세상에서 가장 어려운 일 중 하나는 바로 사람의 마음을 움직이는 것이다. 그도 그럴 것이, 사람의 마음은 보이지 않는 세계의 영역이다. 이처럼 보이지 않는 세계를 붙들어서 움직이기까지 한다는 것은 사실상 불가능에 가까워 보인다.

하지만 삶에서는 수시로 그러한 일이 일어난다. 그것을 가능하게끔 하는 것은 바로 심리학적 연금술이다. 여기에서 말하는 심리학적 연금술은 보이지 않는 인간의 마음을 실제로 움직이게 하는 소통의 기술이다. 소통의 기술을 연금술에 비유하는 이유는, 그러한 삶의 기술들이 마치 상상 속에서나 가능할 것 같은 일들을 현실에서 이룰 수 있게 도와주기 때문이다.

정신분석학자 하인즈 코헛(Heinz Kohut)에 따르면, "신체의 탄생과 생존을 위해서 적정 수준의 산소를 품고 있는 대기가 꼭 필요한 것처럼, 심리적 탄생과 생존을 위해서는 공감적으로 반응해주는 유대관계가 필수적이다."[1] 그리고 소통의 기술은 포유류의 핵심감정인 유대감을 유지하는 데 핵심적인 역할을 한다.

다른 삶의 기술들과 마찬가지로, 소통의 기술도 겉으로 흉내 내는 것만으로는 실제 효과를 나타내기 어렵다. 소통의 기술이 실제로 사람의 마음을 움직이기 위해서는 반드시 심리적 동화가 선행돼야 한다. 그래서 이 강의에서는 대표적인 소통의 기술로서 공감, 대화, 전화, 감사의 기술을 소개한다.

지금 내 곁에 있는 사람을 위한 말

지금보다 조금 더 행복해지는 데 관심이 있다면, 최우선적으로 공감의 기술을 실천해보기 바란다. 공감의 기술은 마음먹기만 하면 누구든지 날마다 사용할 수 있는 대표적인 기술이다. 다만, 공감의 기술을 지혜롭게 사용하기 위해서는 적어도 한 번은 인생이라는 학교에서 배울 필요가 있다.

사실 대부분의 사람들은 공감에 대해 이미 많은 것을 알고 있다. 그렇다면, 지금보다 조금 더 행복한 삶을 살기 위해서는 공감과 관련해 무엇을 더 배워야 할까? 이 문제를 확인하는 데 효과적인 방법은 다음의 질문에 직접 답을 해보는 것이다. "지금 내 곁에 있는 사람을 위해서 나는 무슨 말을 할 것인가?"

이 질문에서의 핵심 포인트는 내 곁에 있는 사람에게 할 수 있는 수많은 말들 중에서 오직 상대방을 진심으로 위하는 사람만이 전할 수 있는 말을 찾는 것이다. 예컨대, '사랑한다'는 말은 상대방을 사랑하지 않는다고 해도 얼마든지 할 수 있다. 물론 같은 단어를 사용하더라도 '사랑의 언어'와 '사기꾼의 언어'는 질적으로 다르다. 문제는 '사랑한다'는 말 자체만으로는 그 둘을 구분하기 어렵다는 점이다.

그렇기에 인간관계에서는 단순히 사랑한다는 말을 주고받는 것 이상의 '금언(Golden Words)'이 필요하다. TV 프로그램 〈꽃보다 누나〉에서 소개된 일화를 살펴보는 것은 이 물음에 대한 답을 찾는 데 도움이 될 것이다.

김자옥, 김희애, 그리고 이미연 등이 크로아티아의 두브로브니크(Dubrovnik)에 있는 한 여행지를 방문했을 때의 일이다.[2] 점심 식사를 마치고 일행이 차를 마시면서 담소를 즐기고 있을 때였다. 이때 이미연이 자신의 과거 사연을 이야기하자, 김희애가 이미연에게 "그럼 너는 슬럼프가 그때였어?"라고 질문했다. 그 질문에 이미연은 "저는 많았던 거 같아요, 언니, 슬럼프가. 그때였던 것 같기도 하고, 저는 지금인 것 같기도 하고"라고 답했다. 이 말을 한 후 그는 생각에 잠기며 말을 잠시 멈췄고 일행들도 잠시 침묵했다. 이윽고 이미연의 모습을 가만히 지켜보고 있던 김자옥이 불쑥 "너는 행복했으면 좋겠어"라고 말했다. 이 이야기를 들은 이미연은 순식간에 눈시울이 붉어졌다.

이 일이 있은 지 3일 후에 일행은 두브로브니크의 어느 카페에서 처음 보는 한국인 여행객들을 만났다. 이들이 서로 반갑게 인사를 하고 잠시 이야기를 나눈 뒤에 막 헤어지려 할 때였다. 그때까지 옆에서 가만히 듣고만 있던 어느 중년의 여성이 이미연에게 조용히 다가와 손을 잡으면서 "기쁘고 행복하세요. 제가 마음으로 늘 바랐어요"라고 말했다. 이 말을 들은 이미연은 뒤돌아서서 자꾸만 쏟아지는 눈물을 연신 손으로 닦아냈다.

마음을 움직이는 기술, 공감

앞서 소개한 일화에서 김자옥이 이미연에게 "너는 행복했으면 좋겠어"라고 말한 것이 바로 전형적인 '공감의 기술'에 해당된다. 이것이 공감의 기술에 해당된다는 것을 이해하기 위해서는 김자옥이 어떤 맥락에서 그 말을 한 것인지를 살펴볼 필요가 있다. 누군가가 상대방에게 무조건 "너는 행복했으면 좋겠어"라고 말한다고 해서 이것이 모두 공감의 기술이 되는 것은 아니다. 똑같은 말도 누가 어떤 맥락에서 누구에게 하는지가 중요하다.

김자옥의 말이 이미연의 마음을 움직이게 한 과정을 이해하기 위해서는 '심리적 동화'를 고려할 필요가 있다. 지금은 고인(故人)이 된 김자옥은 과거에 이혼의 아픈 상처로 고통을 받았던 적이 있다. 김자옥은 자신과 동병상련의 아픔을 공유한 이미연을 심리적 동화의 형태로 마음속에 품고 있었던 것이다. 바로 이미연은 김자옥의 이러한 마음을 헤아릴 줄 알았기 때문에 "너는 행복했으면 좋겠어"라는 말 한마디에 눈시울이 붉어졌을 것이다.

유럽에서 생전 처음 만난 이미연에게 "기쁘고 행복하세요. 제가 마음으로 늘 바랐어요"라고 말했던 한국인 여행객도 마찬가지다. 그 방송에서는 이 말을 했던 여행객이 어떤 사람인지 소개되지 않았다. 하지만 그 사람이 어떤 사람인가 하는 문제는 '알만한 사람은 다 알지만 모를만한 사람은 전혀 모르는 이야기'에 해당된다. 여기에서 '알만한 사람'이란 심리적 동화의 세계를 이해하는 사람을 뜻한다. 겉으론 평범해 보이는 여행객의 한마디 말이 이미연의 심금을 그토록 울릴 수 있었던 비결 역시 바로 심리적 동화에 있다. 아마도 인생이라는 학교에서 심리적 동화를 깨우치지 못한 사람들에게 〈꽃보다 누나〉에서 소개된 이러한 일화는 이해하기 어려운 일일 것이다.

심리학적으로 공감은 '인간이라면 누구나 듣고 싶어 할만한 이야기를 인간이라면 누구든지 표현할 수 있는 형태로 진심을 담아 말하는 것'이다. 정의상 공감은 인간이라면 누구든지 사용할 수 있는 삶의 기술이다. 하지만 인류의 역사를 통틀어서 사람들이 대규모로 사회를 이루고 사는 경우, '일상적으로 공감을 사용하면서 살아가는 사람의 수'가 그렇지 않은 사람의 수보다 많았던 적은 단한 번도 존재하지 않았다. 이러한 점은 지금도 마찬가지다. 바로그렇기 때문에 "우리가 일생 동안 하는 여행 중 가장 먼 여행이 머리에서 가슴까지의 여행"[3]이라고 하는 것이다

이상하지 않은가? 왜 예나 지금이나 공감을 사용하면서 살아가는 사람의 수가 그토록 적은 것일까? 그 이유는 바로 공감은 인간이라면 누구든지 사용할 수 있는 기술이지만, 오로지 공감의 기술을 사용할 만큼 행복해지기를 간절히 희망하는 사람만 사용할 수있기 때문이다.

이처럼 인간관계에서 금언은 말 자체보다는 똑같은 말도 누가어떤 맥락에서 누구에게 하느냐가 더 중요하다. 이때 어떤 말이 공감에 해당되는지 여부를 판가름하는 기준은 바로 '간주관성의 원리(6강 참조)'다. 해당 상황에서 대부분의 사람들(적어도 과반수)이 어떻게 느끼는가가 중요하다. 이러한 기준이 중요한 이유는 인간관계에서 정답을 주지는 못할지라도 좋은 답은 제공해줄 수 있기 때문이다.

공감의 대화를 실천할 때 기억해야 할 것이 있다. 미국의 시인A. R. 아몬스(A. R. Ammons)는 "오직 침묵만이 침묵을 완전하게 해준다"고 말했다. 이처럼 때로는 침묵이 필요한 순간이 있다. 상대방이 다른 어떤 것보다도 그것을 간절히 원할 때다. 18세기 프랑

스의 사제 조제프 디누아르(Joseph A. T. Dinouart)에 따르면, 우리가 말을 할 때는 그 말이 침묵보다는 더 나은 것이어야 한다.[4]

대화의 기술

대화는 우리를 가장 인간답게 만들어준다는 점에서 가장 인간적인 활동이라고 할 수 있다. 하지만 일반적으로 사람들은 대화가 가장 필요한 순간에 대화의 벽을 쌓는다. 그 대표적인 상황이 바로 심각한 갈등 상황, 즉 '화가 머리끝까지 치밀어 오르는 순간'이다.

사람들이 흔히 하는 오해 중 하나는 행복한 사람들 또는 사이가 좋은 사람들끼리는 별로 싸우지 않는다는 것이다. 하지만 결코 그렇지 않다. 행복한 관계의 비결은 안 싸우는 데 있는 것이 아니라, 잘 싸우는 데 있다. 인간은 신이 아니기에 인간관계에서는 갈등과 반목이 불가피하게 나타날 수밖에 없다.

가끔 서로 전혀 싸우지 않는다고 말하는 친구들이나 부부들을 만날 때가 있다. 지극히 예외적인 일이기는 하나, 실제로 거의 싸우지 않으면서도 행복하게 생활하는 친구들이나 부부들도 존재할 수 있다. 하지만 전혀 싸우지 않는다고 말하는 친구들이나 부부들의 대부분은 사실상 갈등을 회피하면서 생활하는 쪽에 가깝다. 이들은 서로의 생활에 관심과 애정을 갖지 않는 것, 즉 서로가 어떤 선택을 하든 그냥 내버려두는 것이다.

보통 이러한 관계를 맺는 사람들은 겉으로는 사이가 좋은 것 같은 인상을 주지만 실제로 객관적으로 평가해보면, 애정 어린 관계가 아닌 것으로 나타난다. 싸울 일이 없어서 안 싸우는 것이 아니라 단지 싸우는 것을 두려워하는 것뿐이었다. 다시 말해, 이런 사람들은 싸우면 관계가 파탄이 날까 봐 갈등이 있어도 마치 없는 것처럼 덮고 지낸다. 물론 서로 안 싸울 수는 있겠지만 그만큼 성장도 일어나지 않는다. 《나니아 연대기》의 작가인 C.S. 루이스(C. S. Lewis)에 따르면, "지옥으로 향하는 가장 안전한 길은 경사가 심하지 않고 바닥도 부드러운 법이다. 그래서 사람들은 그 길을 기분 좋게 걸어간다."[5] 행복한 관계로 가는 길은 안락하고 평온하기보다는 울퉁불퉁하고 때로 경사가 있기 마련이다.

이처럼 행복한 관계를 위한 필수 과제 중 하나는 바로 싸움의 기술이다. 이것은 말 그대로 '잘 싸우는 기술'로서 마치 비온 뒤에 땅이 굳듯이 싸운 뒤에 오히려 관계가 더 좋아지도록 만드는 것을 뜻한다. 가급적이면 갈등을 회피하고 안 싸워야 관계가 좋아진다고 믿는 사람들은 안 싸울 수는 있겠지만, 그럴수록 그들의 관계가 점점 더 멀어지게 된다.

대화의 기술을 살펴보기에 앞서, 현재 내가 대화하는 방식을 점검해보자. 먼저, 현재를 기준으로 내 삶에서 소중한 의미를 갖고 있는 사람을 떠올려본다. 가족, 연인 또는 배우자, 친구 중에서 내게 가장 중요한 의미가 있는 한 사람을 선택한다. 다음으로, 바로 그 사람과 함께 생활하면서 실제로 경험했던 일들 중에서 그 사람 때문에 가장 화가 많이 났던 상황을 하나 떠올린다. 가급적이면 단순히 화가 났던 상황이 아니라, 삶에서 소중한 의미를 갖고 있는 바로 그 사람 때문에 화가 치밀어 올랐던 순간을 떠올리는 것이다. 그리고 바로 그 순간에 당신이 그 사람에게 실제로 했던 말을 떠올려본다.

"＿＿＿＿＿＿＿＿＿＿＿＿＿＿＿＿＿＿＿＿＿＿＿＿"

감정코칭 전문가인 존 가트맨(John M. Gottman) 박사는 일반적으로 심각한 갈등 상황에서 사람들은 다음의 네 가지 유형 중 하나에 해당되는 반응을 한다고 말했다.[6]

그 내용을 살펴보면 누구라도 화가 난 상황에서는 나타낼 수 있는 반응들이다. 하지만 만성적으로 지속될 경우, 관계를 해치는 대표적인 위험요인이 된다. 이 반응 유형을 앞서 당신이 응답했던 내용과 비교해보라.

- **비난**: 상대방에 대한 불평을 말하는 것을 넘어서 상대방의 인격에 대한 부정적 표현을 동반하는 것. 예컨대, "당신은 왜 맨날 그 모양이야!"라고 말하는 것.

- **모욕(경멸)**: 상대방을 비웃는 태도로 놀리거나 무시하는 것. 예컨대, (비웃는 표정으로) "웃기시네"라고 말하는 것.

- **자기변호(방어 및 반격)**: 변명을 하거나 상대방의 주장을 반박하는 것. 예컨대, "내가 언제 그랬어?"라고 말하는 것.

- **도피(담쌓기)**: 상대방에게 아무 말도 하지 않고 무반응과 무대응으로 일관하는 것. 예컨대, 상대방이 물어도 쳐다보지도 않고 대답도 하지 않는 것.

앞으로는 유사한 갈등 상황에서 다음에 소개하는 긍정대화법을 활용해보자.

긍정대화법

긍정대화법은 갈등 상황에서 다른 사람의 마음을 움직일 수 있는 효과적인 방법 중 하나다. 여기에서 말하는 긍정대화법이 '예스맨(Yesman)'처럼 행동하는 것을 뜻하지는 않는다. 예스맨은 자신과 상대방 그 어느 쪽도 행복하게 해주지 못한다. 불평과 불만을 효과적으로 다룰 줄 모르는 사람은 문제를 해결하는 데서 오는 기쁨과 만족감을 결코 누릴 수 없기 때문이다.

긍정심리학에서 추구하는 긍정성은 미화되거나 비현실적인 긍정성이 아닌, 승화된 긍정성이다. 미화된 긍정성에서는 사실이 아닌 것을 그럴듯하게 포장해서 왜곡한다. 또 비현실적인 긍정성에서는 실현 불가능한 꿈이 실제로 이뤄질 수 있는 것처럼 환상에 빠져들게 만든다. 반면, 승화된 긍정성은 아픔을 극복하는 데서 오는 기쁨을 경험할 수 있는 기회를 준다.

승화된 긍정성을 잘 나타내는 격언 중 하나는 "삶이 레몬을 주면, 그것으로 레모네이드를 만들라"[7]는 것이다. 이 표현은 왜소증을 앓던 미국의 배우 마샬 와일더(Marshall P. Wilder)의 죽음을 기리는 추도사에서 유래한 것이다. 긍정대화법은 우리가 갈등 상황(신 레몬)을 지혜롭게 극복함으로써 삶의 기쁨(달콤한 레모네이드)을 맛볼 수 있게 한다. 이러한 긍정대화법은 다음의 세 가지 규칙으로부터 출발한다.

- **규칙1**: 갈등 상황에서 대화를 '너(또는 당신)'가 아니라 '나(또는 제)'로 시작한다.
- **규칙2**: 갈등 상황에서 불평과 불만이 아니라 소망을 표현한다.
- **규칙3**: 갈등 상황에서 긍정적인 감정 단어를 사용한다.

겉으로 이러한 대화법은 이른바 '나-전달법(I-Message)'[8]과 유사한 인상을 줄 수 있다. 하지만 긍정대화법의 도입부는 나-전달법과 유사한 인상을 줄지라도 그 과정과 종착지는 분명히 다르다. 위에서 소개한 긍정대화법의 공식은 대화를 시작하는 '착점(着點)'일 뿐이라는 것을 기억하자. 긍정대화법의 출발점인 세 가지 공식 자체는 그다지 중요하지 않다. 다만, 이러한 규칙은 갈등 상황에서 상대방에게 무슨 말을 해야 할지를 고려하는 데 중요한 방향성을 제공한다.

긍정대화법에서는 갈등 상황에서 상대방에게 진심으로 전달하려는 메시지가 무엇인지가 더 중요하다. 예를 들면, 부부싸움을 하던 중에 부인이 남편에게 이렇게 말한다고 해보자. "저는 당신이 이 자리에서 꺼져주셨으면 정말 기쁠 것 같아요." 이 말은 내용상 세 가지 공식에는 정확하게 부합된다. 하지만 이것은 엄청난 역효과를 낼 것이다. 따라서 중요한 것은 공식에 기계적으로 끼어 맞춘 표현을 하는 것이 아니라, 갈등 상황에서 진심을 지혜롭게 전달하는 것이다.

이제, 앞에서 소중한 사람 때문에 화가 치밀어 올랐던 순간에 했던 말을 적었던 내용으로 돌아가보자. 만약 똑같은 일이 다시 일어날 경우, 위에서 소개한 긍정대화법의 규칙에 따라 표현하는 연습을 해본다. 이 작업 역시 암묵적인 지식과 기술을 다루기 위한 것이기 때문에 반드시 사전에 해본 뒤에 설명을 읽고 비교해보는 것이 중요하다. 이 작업은 직접 해봐야지만 스스로 무엇을 놓치고 있는지를 확인할 수 있다.

다음에 소개하는 사례와 당신의 작업 내용을 비교해보라. 다음은 집안 청소하는 문제로 갈등이 있었던 맞벌이 부부의 예다. 맞벌이를 하는 아내가 평상시에 집안 청소에 관심이 없는 남편에게 다음과 같이 긍정대화법을 시도했다. "여보, 나는 당신이 앞으로 집을 깨끗하게 써주면 정말 기쁠 것 같아."

최소한 이 말은 보통 사람들이 심각한 갈등 상황에서 나타내는 반응들보다는 상대적으로 더 나은 표현처럼 보일 것이다. 하지만 여기에서 중요한 포인트 중 하나는 왜 이러한 유형의 표현이 긍정대화법에 해당되지 않는지를 이해하는 것이다.

긍정대화법에서의 핵심 포인트는 '에둘러 말하기'와 갈등 상황에서 '진심을 전달하는 것'의 차이를 이해하는 것이다. 에둘러 말하기는 표면적으로는 그럴듯한 인상을 주기 때문에 왠지 꼬집어 말할 수 없지만 듣는 사람의 신경을 건드리는 표현이다. 바로 위에 언급한 맞벌이 부부 사례가 그 전형적인 예다. 행복 프로그램을 진행해보면 많은 사람들은 위에서 아내가 한 말에 어떤 문제가 있는지 이해하기 어려워한다.

하지만 부인이 했던 말은 결과적으로 남편에게 "왜 당신은 맨날 집을 더럽게 쓰지?'라고 핀잔을 줄 때와 유사한 효과를 불러일으킬 수 있다. 왜냐하면, 앞서 언급한 아내의 말은 표면적으로는 자신의 소망을 담은 것 같은 인상을 줄지라도, 그 이면에는 과거 남편의 문제행동을 넌지시 끄집어내는 동시에 질책하는 요구적인 태도가 담겨있기 때문이다.

대부분의 갈등 상황에서 말다툼이 큰 싸움으로 번져가는 데는 바로 이러한 '이면기제(裏面機制)'가 숨어있다. 그러한 상황에서 주로 말하는 사람은 자신이 잘못 말한 것은 없고 충분히 할만한 이야기를 했다고 주장하는 반면, 듣는 사람은 상대방이 사실상 자신의 신경을 건드리는 말을 했다고 믿는 일이 벌어진다. 이처럼 부정적인 이면기제가 작동하는 상황에서는 대화를 하면 할수록 점차 싸움으로 번지게 된다. 이런 순간에는 대화를 전쟁처럼 이어가기보다는 휴전을 택하는 것이 낫다.

긍정대화법의 효과는 말하기 규칙 자체가 아니라 '서브텍스트(Subtext)'에 무엇을 담는가에 달려있다. 서브텍스트는 겉으로는 드러나지 않지만 표현 속에 담긴 생각과 느낌을 말한다. 통상의 대화에서도 마찬가지지만, 특히 갈등 상황에서는 대화에서 '행간의 의미' 또는 '아' 다르고 '어' 다른 차이에 주목할 필요가 있다.

맞벌이 부부의 갈등 상황에서 부인이 이렇게 말한다고 가정해보자. "여보, 나는 당신이 직장일로 바쁘고 피곤한 것 잘 알지만,

그래도 내가 집안 청소를 할 때 가끔씩이라도 나와 함께 일해주면 정말 좋을 것 같아." 이 말을 앞에서 부인이 했던 말과 비교해보라. 이 말에는 요구적인 태도 대신 부탁하고 도움을 요청하는 마음이 담겨있다. 이러한 긍정대화는 갈등 상황에서 불꽃이 튀게 하기보다는 서로의 흥분된 마음을 진정시키는 동시에 진정한 대화가 시작되는 출발점 역할을 할 수 있다.

'상대방에 대한 불평과 불만을 에둘러 말하는 것'과 '심리적 동화에 기초해 진심을 담아 관계개선을 위한 소망을 전달하는 것'은 미묘하지만 중요한 차이가 있다. 이러한 차이는 직접 써본 사람이라면, 누구든지 쉽게 확인할 수 있다. 다른 행복의 기술과 마찬가지로 긍정대화법에서도 심리적 동화가 핵심적인 역할을 한다. 이것이 바로 긍정대화법과 나–전달법의 차이다.

행복한 삶을 위한 전화의 기술
—

미국의 과학 전문 웹사이트 〈라이브 사이언스〉는 '세계를 바꾼 10대 발명품'을 선정한 적이 있다.[9] 이때 전화기도 10대 발명품 리스트에 포함됐다.

전화기가 처음 발명됐을 때 미국의 러더포드 헤이스(Rutherford B. Hayes) 대통령은 집무실에서 알렉산더 벨(Alexander G. Bell)이 개발한 전화기를 사용해본 뒤 다음과 같이 말했다. "놀라운 발명품이다. 하지만 도대체 누가 이것을 사용하겠는가?"[10] 하지만 그의 생각과는 달리, 오늘날 전화기가 현대사회의 필수품이 됐다는 데 이의를 제기할 사람은 별로 없을 것이다.

그렇다면, 다음의 질문에 답해보자. 과연 전화기는 사람들을 행복하게 만들어주는 발명품인가? 우리는 전화기를 사용하면 사용할수록 행복해지는가?

사실, 헤이스 시대뿐만 아니라 오늘날에도 여전히 전화기의 사용가치를 제대로 깨닫지 못하는 사람들이 많은 것으로 보인다. 상품의 가치에는 '사용가치'와 '교환가치' 두 가지가 있다. 교환가치는 상품의 가격을 가리키는 반면 사용가치는 상품의 유용성을 뜻한다.

행복의 심리학 측면에서 전화기를 사용하는 방법으로는 크게 두 가지를 들 수 있다. 전화기를 행복해지는 데 사용하는 것과 불행해지는 데 사용하는 것이다. 전화를 가장 많이 활용하는 대표적인 직업군은 바로 콜센터 상담직원과 전화통신판매원들이다. 그런데 한국고용정보원이 2015년에 730개 직업 종사자 2만5천여 명의 감정노동 강도를 조사한 결과에 따르면,[11] 콜센터 상담직원과 전화통신판매원은 심각한 정신적 스트레스를 유발하는 감정노동의 강도를 가장 크게 경험하는 직업군인 것으로 나타났다.

최근 카카오 고객센터에서는 콜센터 상담직원의 이직률을 낮추기 위해 새로운 시도를 했다.[12] 콜센터의 운영방식을 전화통화 중심에서 채팅 중심으로 변경한 것이다. 그 결과, 콜센터의 업무 자체는 변한 것이 없었음에도 불구하고 대표적인 감정노동자인 콜센터 상담직원들의 스트레스가 급격히 줄어들었다. 이러한 정책을 실시한 결과, 월 평균 15% 수준에 달하던 이직률이 사실상 0%로 줄어들었다.

이러한 결과들은 전화기를 많이 사용한다고 해서 행복해지는 것은 아니라는 점을 보여준다. 특히 업무용 전화를 많이 하는 경우, 행복해지기보다는 불행해질 가능성이 더 크다는 점을 알 수 있다.

그렇다면, 전화기를 통해 행복해지는 방법은 무엇일까? 휴대폰이나 전화기를 통해 행복해지는 노하우를 배우기 위해서는 무엇보다 먼저 음성 정보의 특성을 이해할 필요가 있다.[13] 우리는 싫어하는 사람이 눈앞에 있더라도 그 사람과 웃으면서 대화하는 것이 가능하다. 그리고 소화제를 준비하기만 한다면, 그 사람과 식사를 하는 것도 가능하다. 하지만 싫어하는 사람과 정말로 함께하기 어려운 활동이 있다. 바로 용건이 없을 때, 그 사람과 전화통화를 주고받는 것이다. 왜냐하면 음성은 자신의 감정을 상대방에게 가장 잘 전달하는 표현 매체 중 하나기 때문이다.

그래서 남녀가 만나 사랑에 빠지면, 가장 빠르게 변하는 것이 전화통화 시간과 빈도다. 사랑하는 남녀가 주고받는 전화통화의 중요한 특징 중 하나는 용건이 있을 때뿐만 아니라 용건이 없을 때도 한다는 것이다.

살다 보면, 내가 정말로 좋아하는 사람이 누군지 궁금할 때가 있다. 이 경우 답을 찾는 좋은 방법 중 하나는 최근 한 달간의 통화 목록을 살펴보는 것이다. 이때 통화 목록에 들어있는 사람들을 용건이 있어서 통화를 한 사람과 특별히 용건이 없는데도 통화를 한 사람으로 구분해보라. 당연히 용건이 없음에도 불구하고 내가 통화를 했던 사람이 바로 내가 좋아하는 사람인 것이다.

심리학적인 관점에서 볼 때, 두 사람이 얼마나 좋아하는지 행동으로 분명하게 확인할 수 있는 대표적인 지표 중 하나는 용건이 없을 때 두 사람이 서로 전화를 주고받는 시간과 빈도다. 물론 이때 정말로 두 사람의 관계가 좋다면, 둘 중 어느 한 사람만 일방적으로 전화를 거는 것이 아니라 두 사람이 번갈아가면서 전화를 걸게 될 것이다.

세상에는 두 부류의 사람들이 있다. 용건이 있을 때만 전화통화를 하는 사람과 용건이 있을 때와 없을 때 모두 통화하는 사람. 물론 진정으로 행복한 사람은 바로 후자다.

전화의 기술에서 중요한 점 중 하나는 행복한 전화통화를 위해서는 심리적 동화가 필수적으로 요구된다는 것이다. 왜냐하면, 용건이 없을 때도 전화통화를 하기 위해서는 서로가 상대방의 목소리를 듣는 것만으로도 기쁨과 즐거움을 경험할 수 있어야 하기 때문이다. 이러한 형태의 전화의 기술을 잘 활용하는 대표적인 인물 중 하나가 바로 배우 차승원이다. 그의 전화 사랑은 연예계에 널리 알려져있다. 차승원이 각종 인터뷰에서 소개한 바에 따르면, 그는 친한 사람과 적어도 1주일에 3회는 전화통화를 한다고 한다.[14] 특별한 용건이 있어서 전화통화를 자주 하는 것은 아니다. 그저 상대방의 안부를 묻거나 지금 뭐 하고 있는지 등 사소하고 일상적인 대화를 주고받을 뿐이다.

행복을 주제로 한 강연에서 전화의 기술을 소개하고 나면, 가끔 청중들 중에는 강연의 취지와는 사뭇 다른 결론을 내리는 사람을 볼 수 있다. "전화통화를 많이 하면 행복해진다고 하니 이제부터라도 전화를 열심히 돌려야겠다." 하지만, 전화의 기술에서 오해하면 안 되는 중요한 점 중 하나는 그저 전화통화를 많이 한다고 해서 행복해지지는 않는다는 것이다.

지금까지 설명한 것처럼, 전화통화는 행복한 삶을 사는 데 분명히 도움을 줄 수 있다. 하지만 앞서 말한 것처럼, 싫어하는 사람과 정말로 함께하기 어려운 활동 중 하나는 바로 특별한 용건이 없이 전화통화를 주고받는 것이다.

누구든지 싫어하는 사람과 억지로 전화통화를 할 수는 있다. 더

구나 두 사람이 전화통화를 하는 것을 본 제3자가 친한 사이로 오해할 수 있게끔 꾸미는 것도 가능하다. 관계에 따라서는 이처럼 주기적으로 통화하는 것이 얼마 못 가기도 하고, 오래 지속될 수도 있다. 하지만 어느 쪽이든 억지로 전화통화를 하는 것이 맞다면, 결국에 가서는 모두 다 때가 되면 자연스럽게 중단될 수밖에 없을 것이다. 관계의 진실은 반드시 드러나기 마련이다.

전화의 기술을 지혜롭게 사용하기 위해서는 먼저 관계의 특성을 점검해야 한다. 정신분석의 창시자인 지그문트 프로이트(Sigmund Freud)는 '낯선 친숙함'이라는 개념에 대해 설명한 적이 있다.[15] 친숙함에는 두 가지가 있다. 집처럼 편안하게 친숙한 것과 '낯설고 불편하게(Uncanny)' 친숙한 것이다. 낯선 친숙함은 마치 관계에서 이방인이 된 것 같은 기묘한 느낌을 준다. 비록 오래 알고 지낸 사이라 하더라도 낯선 친숙함에 해당되는 관계에서는 전화의 기술을 곧바로 사용하는 것은 무리가 있다. 그보다는 기반을 다지는 '정지(整地)' 작업의 일환으로, 공감의 기술 등을 통해 심리적 동화가 선행돼야 한다는 점을 기억하자.

감사의 기술

감사는 행복한 삶을 위한 강력한 촉매제다.[16] 로마의 철학자 마르

쿠스 키케로(Marcus T. Cicero)에 따르면 "감사는 가장 위대한 덕목인 동시에 다른 모든 덕목들의 어머니다."[17]

감사의 기술과 관련된 대표적인 활동으로는 감사편지를 들 수 있다. 긍정심리학자 피터슨에 따르면, 진심으로 작성된 감사편지는 그 효과를 100% 보장할 수 있다.[18] 감사편지는 편지를 받은 사람에게 행복을 주고, 때때로 감동의 눈물을 흘리게 만들며, 작성자에게도 커다란 만족감을 선사한다. 행복 프로그램에 참여한 사람들은 주로 부모님, 가족, 배우자, 친구, 선생님, 직장상사, 선후배 등에게 감사편지를 작성한다.

행복 프로그램에서 사람들에게 감사편지를 쓰도록 요청하면, 의외로 많은 사람들이 감사편지를 어떻게 써야 할지 어려워한다. 따로 정답이 정해져있는 것은 아니지만, 감사편지를 쓰는 데 익숙하지 않다면 다음의 요령을 참고해보자.

첫째, 감사편지는 우편엽서에 들어가는 분량인 10여 줄 정도로 짧게 쓰는 것이 좋다. 감사편지를 길게 쓴다고 해서 효과가 더 커지지는 않는다. 편지를 길게 쓰는 것과 편지에 마음과 정성을 담는 것은 서로 다른 일이다. 감사편지는 그 안에 많은 내용을 담기 위해 고민하거나 어떤 내용을 담을지 숙고하느라 시간을 들이고 주저하기보다는 가벼운 마음으로 즉각적으로 쓸 수 있는 내용을 중심으로 적어나가는 것이 좋다.

둘째, 감사편지에는 감사의 내용만을 담는 것이 좋다. 가장 경계해야 할 점은 감사편지를 빙자해서 잔소리나 불평을 늘어놓는 것이다. 하나의 편지 안에 감사의 내용과 불평을 함께 담으면 그것은 감사편지가 아니라 원망의 편지가 된다.

셋째, 감사편지는 작성자가 감사대상의 어떤 행동을 고마워하는지를 감사대상이 분명하게 알 수 있도록 실제 행적에 근거해 써야 한다. 감사편지를 쓴 사람이 아무리 미사여구를 총동원해도 받는 사람이 왜 자신에게 감사해하는지 이유를 잘 모른다면 감사편지의 효과가 나타나기 어려울 것이다.

넷째, 감사편지는 심리적 동화를 바탕으로 작성할 때 가장 효과적일 수 있다. 심리적 동화를 바탕으로 감사편지를 쓸 때 상대방의 마음을 움직이는 효과가 극대화될 수 있다.

감사편지 쓰는 법

〈우리 결혼했어요〉라는 TV 프로그램에서는 조정치가 연인인 정인에게 손 편지를 써서 읽어주는 장면이 방영된 적이 있다.[19] 정인은 데이트를 하던 중간에 조정치가 정성 들여 쓴 편지를 내주자 잠시 편지를 읽다가 다 읽지 못하고 눈물을 쏟았다. 조정치가 편지에 담았던 내용은 감사편지의 좋은 예라고 할 수 있다. 그 편지의 내용은 다음과 같다.

"얼마 전 너의 건강검진 결과가 좋지 않아 걱정이야. 아무래도 내 탓이 아닐까. 너무 죄스럽더라고. 나는 너한테 욕심만 부리고 있었어. 내 모든 걸 알아차려주는 사람이기를. 작게는 자전거를 잘 타기를, 밥풀을 흘리지 말기를, 열쇠 잃어버리지 않기를. 그런데 어느샌가 욕심이 내 눈앞을 가렸나 봐. 힘든 네 표정은 헤아리지 못하고 불평만 늘어놓는 오래된 남자친구가 되어있었던 거야. 미안, 너무 미안해. 지금 생각해보니, 난 그냥 네가 건강했으면 좋겠다. 내 마음 몰라줘도 되고, 자전거 못 타도 되고, 밥풀 흘려도 되고. 열쇠 잃어버리면 다시 맞추면 돼. 그래야 같이 토마토 고추장 밥도 먹고, 놀이동산도 또 가지. 며칠 전 새벽 TV에 나온 우리 모습을 밤새 돌려본 적이 있어. 거기에 있는 네가 너무 귀여워서, 날 바라보는 표정이 오래 전 그때와 다르지 않아서, 그렇게 한결같은 네가 참 귀하다는 생각이 들어서. 나도 너를 닮고 싶어. 그렇게 같이 늙어갔으면 좋겠다. 익숙한 동네에서 오랫동안 함께. 2013년 맑은 날 너의 종, 정치 오빠가."

기본적으로 감사편지는 어떤 상황에서 누구에게 쓰든지 간에 작성자와 감사대상 모두 행복해지는 데 도움을 준다. 단, 진심으로 감사해하는 마음을 담는 동시에 실제로 감사대상에게 전달을 한다면 말이다.

일반적으로 감사편지는 사이가 좋은 사람들끼리 화기애애한 분위기 속에서 주고받는 경향이 있다. 하지만 감사편지를 꼭 분위기가 좋은 상황에서만 활용할 필요는 없다. 예컨대, 조정치가 정인에게 썼던 감사편지는 정인의 건강검진 결과가 안 좋게 나온 스트레스 상황에서 정인을 위로하고 분위기를 전환하기 위한 목적으로 작성된 것이다. 또 감사편지는 대인관계에서 문제가 있을 때 갈등을 완화하거나 문제를 해결하는 데도 기여할 수 있다.

살다 보면, 소중한 사람들과의 관계에서 갈등이 생기기도 하고 오해가 벌어지기도 한다. 특히 대인관계에서 문제가 오랫동안 지속된 결과, 심한 경우에는 관계가 마치 실타래처럼 복잡하게 얽혀 도대체 어디서부터 손을 대야 할지 엄두조차 나지 않는 경우도 있다. 만약 대인관계 문제가 매우 심각하다면, 가족상담 또는 부부상담 등 심리상담을 통해 전문적인 도움을 받는 것도 하나의 방법이다. 문제는 현재 경험하고 있는 인간관계에서의 갈등 상황이 전문적인 도움이 필요한 상황인지, 어떻게 하면 지혜롭게 판단할 수 있는가 하는 점이다. 바로 이러한 문제 상황에서 감사편지는 그러한 판단의 기준점 역할을 할 수 있다.

소중한 사람들과의 관계에서 갈등의 골이 깊어져 문제를 어떻게 풀어나가야 할지 감이 오지 않는 상황이라면, 적당한 기회에 감사편지를 써서 전달해보라. 감사편지를 쓴다고 해서 즉각적으로 문제가 해결되는 것은 아니지만, 적어도 합리적인 대화를 시작할 수 있는 분위기를 조성하는 데는 도움이 된다. 만약 감사편지를 써서 전달했는데도 아무런 효과가 없거나 오히려 관계가 더 악화될 뿐이라면, 이것은 전문적인 도움이 필요하거나 또 다른 선택을 고민할 필요가 있다는 강력한 신호다. 여기서 또 다른 선택이란 냉각기를 가지거나 아예 관계를 정리하는 것을 말한다.

9강

향유:
기쁨의 감정을
음미하라

일상적으로 생활하면서 경험하는 기쁨의 감정을 음미하는 것을 '향유(Savoring)'라고 한다. 흔히 삶에서 경험할 수 있는 기쁨(Joy)에는 두 가지가 있다. 환희(Delight)와 즐거움(Enjoyment)이다. 환희는 큰 기쁨을 말하는 반면 즐거움은 소소한 기쁨을 말한다.

환희의 예로는 아이가 첫걸음을 떼는 모습을 지켜보면서 부모가 경험하는 감정을 들 수 있다. 즐거움의 예로는 사랑하는 사람과 함께 식사를 하거나 여행할 때 경험하는 감정을 들 수 있다. 기쁨과 '소확행이 주는 만족감'을 구분하는 기준은 다른 사람과의 관계가 주는 긍정적인 감정이 포함돼있는지 여부다. 우리는 사랑하는 이와의 소박한 식사를 통해서도 얼마든지 기쁨을 경험할 수 있다. 하지만 미슐랭 쓰리스타 셰프가 일하는 고급 레스토랑에서 혼자 맛보는 요리에서는 미각적 쾌락을 경험할 수는 있어도 기쁨을 경험하기는 어렵다.

행복의 근본문제와 관계된 세 번째 핵심질문은 바로 "당신은 무인도에서도 행복해질 수 있는가?"다. 우리는 무인도에서도 쾌락을 경험할 수 있다. 술이나 마약이 주는 쾌감이 그 예다. 또 무인도에서 만족감도 경험할 수 있다. 미세먼지와 공해로 고통받던 도시인들은 무인도의 아름다운 자연풍경과 깨끗한 공기에 만족해할 수 있다. 그리고 장비만 갖추고 있다면, 무인도에서도 재미있는 영화와 TV 드라마를 만족스럽게 감상할 수 있다.

하지만 무인도에서 기쁨을 경험하는 것은 불가능하다. 1강에서 소개한 '가난한 농부의 세 가지 소망'을 떠올려보면, 다른 사람의 관계가 주는 긍정적인 감정이 없이 단순히 물질적 재화에서 얻는 일시적인 즐거움만으로는 만족감 이상의 감정인 행복감을 얻기 어렵다는 것을 알 수 있다.

기쁨은 포유류 종 특유의 감정으로서 쾌락(Pleasure)과 다르다. 식욕이나 성욕처럼, 쾌락에는 '불응기(Refractory Period)'가 존재한다.[1] 불응기는 일단 욕구가 충족된 이후에는 일정기간 아무리 강한 자극이 주어지더라도 욕구가 일어나지 않는 것을 말한다. 이와 달리 기쁨에는 이러한 불응기가 존재하지 않는다.

이번 강의에서는 기쁨의 감정을 음미하는 향유의 기술로 강점 활용, 부탁, 유머, 봉사의 기술을 소개한다. 이러한 기술들 역시 과거의 좌절 경험을 극복하는 데서 오는 기쁨인 승화된 긍정성과 밀접한 관계가 있다. 강점, 부탁, 유머, 그리고 봉사는 모두 개인적인 상처와 직·간접적으로 연결되기 때문이다. 강점의 이면에는 약점이, 부탁의 이면에는 무기력감이, 유머의 이면에는 슬픔이, 그리고 봉사의 이면에는 동병상련의 아픔이 숨어있다.

놀이와 일이 주는 기쁨
—

발달적인 관점에서 보면, 삶에서 기쁨의 감정을 경험하게 하는 대표적인 활동은 놀이다. 에머슨에 따르면, "놀 줄 아는 것은 일종의 행복재능이다."[2] 그만큼 놀이가 주는 즐거움은 삶에서 중요한 역할을 한다. 이런 맥락에서 아일랜드의 종교학자 리처드 린가드(Richard Lingard)는 "누군가가 놀이를 하는 모습을 한 시간 동안 관찰하는 것이 여러 해 동안 대화를 나누는 것보다 그 사람에 대해 훨씬 더 많은 것을 알게 해준다"[3]라고 했다.

놀이는 새끼를 돌보는 활동만큼이나 포유류의 뇌 속에 깊이 각인됐다. 쥐와 같은 설치류의 뇌에서 신피질을 제거하더라도 새끼 돌보기와 놀이는 여전히 지속된다.[4] 놀이와 새끼 돌보기는 포유류의 뇌에서 피질보다 더 안쪽에 위치한 변연계의 기능이기 때문이다. 뇌에서 변연계는 주로 동기와 정서를 담당한다.

포유류에게 놀이와 유대감은 불가분의 관계다. 거의 모든 포유류 새끼들은 서로 뒤엉켜 치고받으면서 노는 '난투(Rough-and-Tumble)' 놀이를 즐긴다.[5] 포유류는 놀이를 통해 구애하는 법과 사냥하는 법을 비롯해 생존에 필요한 다양한 내용을 학습한다. 특히 놀이는 포유류가 사회적 결속력과 유대감을 유지하는 데 중요한 '품위 있게 이기는 법과 지는 법'을 학습할 수 있게 한다.

성인이 되고 나면 우리는 더 이상 난투를 즐기지 않게 된다. 그 대신 스포츠, 노래, 춤 등을 통해 기쁨을 향유하는 것으로 유희적 활동상에서 변화가 일어난다. 하지만 놀이의 형태가 바뀌더라도, 그러한 활동이 사회적 결속력과 유대감을 다지는 기능을 한다는 점은 변하지 않는다. '유희의 인간(Homo Ludens)'으로서 인간이 선택하는 놀이에는 두 가지 요소가 필수적으로 동반된다. 바로 기쁨의 감정과 다른 사람의 존재다.[6]

우리는 취미나 일을 통해서도 기쁨을 경험할 수 있다. 취미와 일을 사랑하는 것이 가능하기 때문이다. 하지만 이러한 활동에도 지혜가 필요하다. 왜냐하면, '사람을 사랑하듯이 일을 사랑하는 것'과 '일을 사랑하듯이 사람을 사랑하는 것'은 비슷해 보이지만 질적으로 다르기 때문이다. 누군가 마치 일을 사랑하듯이 사람을 사랑한다고 생각해보라. 과연 이 사람이 사랑을 하고 있다고 말할 수 있을까? 인사고과에서 좋은 점수를 받기 위해 회식 때 직장상사 앞에서 가무를 선보이는 직장인이 향유의 즐거움을 누린다고 말하기 어려운 것처럼, 일하듯이 사람을 사랑하는 사람도 사랑을 하고 있다고 말하기는 어려울 것이다.

가난한 농부가 말했던 세 가지 소망이 그를 행복하게 만들어줄 수 없는 본질적인 이유가 거대한 토지, 대저택 그리고 금은보화를 가진 사람은 행복해질 수 없기 때문은 아니다. 여기에서 중요한 점은 그러한 물질적 재화를 혼자 그리고 자신만을 위해서 쓰는지, 아니면 사랑하는 사람들과 함께 그리고 사랑하는 사람들을 위해서 쓰는지에 따라 재화의 심리적 가치, 즉 효용가치가 달라진다는 것이다.

우리는 오직 '사람을 사랑하는 법'을 배운 다음에야 '사랑하는 사람을 위해서 일하는 법'을 배울 수 있다. 그리고 사랑하는 사람을 위해서 일하는 법을 배워야만, '일하는 기쁨'을 경험하는 동시에 진정으로 일을 사랑할 줄 알게 된다.

나의 성격강점 발견하기
—

행복한 삶을 향유해나가는 좋은 방법 중 하나는 가능한 한 많은 시간을 나의 강점이 발휘될 수 있는 일이나 활동에 투자하는 것이다. 이를 위해서는 나의 '성격강점(Character Strengths)'을 정확하게 알고 있어야 한다. 성격강점은 인간의 긍정적 특성을 말한다. '긍정적 특성'이란 우리의 삶을 '탁월함과 정신적 번영(Flourishing)'으로 이끌어주는 성품이다.[7]

휘트먼은 "나는 내가 생각했던 것보다 더 크고 더 나은 인간이다. 내게 그렇게 많은 장점이 있는지 미처 알지 못했다"[8]라고 말한 적이 있다. 이처럼 흔히 사람들은 자신의 강점 또는 장점에 대해서 잘 인지하지 못한 채 생활하는 경향이 있다.

긍정심리학자인 피터슨과 셀리그만은 성격강점을 평가할 수 있는 검사도구를 개발했다.[9] 이 성격강점검사는 사람들의 문제점을 평가하기보다는 사람들이 삶을 향유해나가는 데 기여할 수 있는 중요한 장점들을 발견할 수 있도록 돕는다.

긍정심리학 연구진은 누구든지 무료로 자신의 성격강점을 진단해볼 수 있는 온라인 심리검사 시스템을 제작했다. 성격강점을 평가하는 대표적인 검사로서 '행동가치 조사(VIA Survey: Values in Action Survey)'라고 불리는 이 검사에는 전 세계에서 700만 명 이상이 참여했다. 현재 'VIA Survey' 인터넷 사이트에는 120문항으로 구성된 한국어판 성격강점검사도 포함돼있다. 한국어판 무료 온라인 성격강점검사에 참여하고 싶다면, 인터넷 주소창에 'http://www.viame.org'를 입력한 후 해당 사이트에 접속하면 된다.

독자들을 위해 이 책 뒷부분의 〈부록〉에는 우리가 단축형으로 개발한 48문항짜리 성격강점검사가 제시돼있다. 먼저 성격강점검사에 직접 참여해 24개의 성격강점들에 대한 순위 정보를 바탕으로 상위 3~5개의 성격강점을 찾아보기 바란다. 나의 상위 성격강점을 찾은 후에는 다음에 제시된 기준을 바탕으로 나의 대표강점 3개를 선택한다. 셀리그만은 대표강점의 주요 특징을 다음과 같이 소개했다.[10]

- 나의 진면목을 반영하는 것으로서 내게 자신감을 선사해준다.
- 해당 강점이 발휘되는 순간에 커다란 기쁨을 준다.
- 해당 강점과 관련된 활동에서는 학습 속도가 빠르다.
- 해당 강점과 관련된 활동을 할 때는 피곤해지기보다는 힘이 난다.
- 누가 시키지 않아도 스스로 해당 강점과 관련된 개인적인 일들을 찾아서 실천한다.

대표강점 활용하기

때로는 상위 5개의 성격강점 모두가 앞에서 소개한 대표강점의 특성을 갖고 있는 사람도 있을 수 있다. 또는 상위 5개의 성격강점 중 대표강점의 특성과 일치하는 강점이 1~2개인 사람도 있을 수 있다. 중요한 것은 대표강점의 개수가 아니라, 자부심을 가지고 자신의 대표강점을 적극적으로 발휘하는 것이다. 대표강점을 찾아 실천하는 것은 우울증 환자를 포함해 다양한 집단의 행복도를 높이는 데 기여하는 것으로 나타났다.[11] 대표강점은 적극적으로 활용하면 할수록 행복한 삶을 사는데 도움이 된다.

대표강점을 활용하는 한 가지 방법은 성격강점검사를 통해 찾은 대표강점을 가족이나 친구 등 지인에게 들려주고 피드백을 받는 것이다. 나의 대표강점을 가까운 사람들이 받아들이고 인정하는 경험 자체만으로도 커다란 기쁨을 누릴 수 있다. 또 일상생활에서 나의 대표강점을 더 잘 발휘할 수 있는 방법을 지인들과 의논하다 보면 자연스럽게 숨겨진 나의 또 다른 성격강점을 발견할 수도 있다.

대표강점을 활용할 수 있는 또 다른 방법은 나의 대표강점에 대해 함께 의논했던 가족들이나 친구들도 성격강점검사를 받도록 하는 것이다. 그 후 나의 대표강점과 다른 이들의 대표강점을 비교하고 검토해보면서 서로의 대표강점을 수용하고 인정하는 작업을 한다. 그리고 서로의 대표강점이 일상생활에서 더 잘 발휘될 수 있는 방법을 의논한다. 나아가, 서로의 관계에서 나의 대표강점과 다른 이들의 대표강점이 '시너지(Synergy) 효과'를 낼 수 있는 방법도 의논해본다.

만약 나이가 어린 자녀와 작업을 함께하거나 여러 가지 사정으로 성격강점검사에 참여하기 어려운 경우에는, 같이 생활하는 가족이나 동료들이 자유롭게 서로의 성격강점에 대해 이야기하는 시간을 갖는 것도 도움이 될 수 있다. 왜냐하면, 대표강점은 그것을 생각하고 이야기하는 것만으로도 기쁨을 주기 때문이다. 이런 점에서 지금까지 소개한 대표강점 활용법은 실천하기만 한다면 그 효과가 자연스럽게 보장되는 행복의 기술이라고 할 수 있다. 그러니 적극적으로 실천해보자.

긍정적 자기소개

인생을 향유하기 위해서는 무엇보다 나 자신이 어떤 사람인지를 지혜롭게 이해해야 한다. 내가 누구인지 모르면서 행복한 삶을 산다는 것은 '어불성설(語不成說)'이다.

흔히 자기계발서에서도 약점 대신 강점에 초점을 맞추라고 조언한다. 그런데 이러한 자기계발서의 주장과 긍정심리학에서 강조하는 강점활용 기술은 겉으로는 비슷해 보일지라도 질적으로는 서로 다른 내용이다. 자기계발서에서는 주로 강점이 약점과는 분리된 것으로 설명한다. 반면에 긍정심리학에서는 강점을 지혜롭게 활용하기 위해서는 강점과 약점이 서로 연결된다는 점을 이해하는 것이 중요하다고 강조한다.

긍정심리학에서의 핵심적인 가정 중 하나는 "강점을 강화하려는 노력이 약점을 약화할 수 있다"[12]는 것이다. 앞에서 언급했던 것처럼, 강점활용의 목적 역시 승화된 긍정성을 추구하는 것과 밀접한 관계가 있다. 강점을 활용함으로써 얻을 수 있는 가장 커다란 혜택은 아픔을 극복하는 데서 오는 기쁨이다.

2009년에 미국의 〈LA타임스〉에는 '마침내 그녀에게 하버드라는 집이 생겼다'라는 흥미로운 기사가 실렸다. 미국의 홈리스 흑인 소녀인 카디자 윌리엄스(Khadijah Williams)의 이야기였다.[13] 당시에 18세였던 카디자는 14세 미혼모가 출산했던 아이였다. 카디자가 태어나면서부터 모녀는 노숙자 쉼터를 떠도는 생활을 했다. 이런 사정 때문에 카디자는 고등학교를 졸업할 때까지 12년 동안 무려 12곳의 학교를 전전했다.

카디자는 이러한 역경을 딛고 고등학교를 졸업할 무렵, 미국의 아이비리그 대학을 포함해 20여 개의 명문대학으로부터 합격통지서를 받았다. 최종적으로 카디자는 전액 장학생으로 합격한 하버드대학에 진학했다.

카디자가 하버드대학의 입학서류로 제출했던 에세이는 긍정적 자기소개의 좋은 예가 된다. 카디자는 "학교에서 배운 것 외에 어떤 지식이나 기술이 있습니까?"라는 질문에 다음과 같이 대답했다.

"나는 배가 고플 때면, 음식을 어디에서 구할 수 있는지 안다. 나는 우울하거나 스트레스를 받을 때면, 진정하기 위해서 어떻게 해야 하는지 정확하게 안다. 나는 자신들의 사고방식을 주입하기 위해 나를 흔들어대는 매춘부들과 마약을 한번 해보라고 권유하는 마약중독자들을 무시할 줄 안다. 나는 다음과 같이 잘난 척하면서 빈정대는 포주들의 말을 무시하는 법도 배웠다. '넌 대학에 못 가. 스키드 로(빈민가)에 살잖아!' 나는 밤늦게 귀가할 때 두려움을 드러내지 않는 법도 배웠다. 또 나는 돈이 거의 없더라도 살아남는 법을 배웠다. 여기저기 거처를 옮겨 다니면서 얻게 된 경험 덕분에 다양한 환경에 적응하는 법과 목표를 추구하고 성취하는 법도 배웠다. 가장 중요하게는, 나는 내 인생을 꽃피우는 법을 배웠다."[14]

카디자의 대표강점인 희망, 용기, 자기조절과 카디자의 불우한 가정 및 열악한 사회적 환경 문제는 상호 불가분의 관계라고 할 수 있다. 이런 점에서 카디자 사례는 강점을 강화하려는 노력이 약점을 약화하는 좋은 예다.

부탁의 기술

베스트셀러《모리와 함께한 화요일》의 주인공이자 저자인 모리 교수는 일명 '루게릭병'이라 불리는 '근위축성측색경화증' 환자다. 죽음을 눈앞에 두고 있던 모리 교수는 오랜만에 찾아온 제자에게

"나는 다른 사람에게 의존하지. 모든 걸 말이야"라는 말로 자신의 투병생활을 회상했다. 이 병에 걸린 사람은 쇠약해지는 근육으로 인해 시간이 흐를수록 점점 더 몸에 힘을 줄 수 없기 때문에, 혼자 물컵을 드는 것조차 불가능해진다. 따라서 삶을 유지하기 위해 타인에게 의존하고, 아주 사소한 것이라도 원하는 것이 있다면 부탁을 해야 한다.

대부분의 사람들은 자신의 약점을 드러내고, 부탁하는 것을 부끄럽고 남에게 피해를 끼치는 행위라고 여겨 기피한다. 그러나 모리 교수에 따르면, 우리가 행복한 삶을 살기 위해서는 나 자신이 어떤 존재인지 지혜롭게 알아차리는 것이 중요하다. 그에 따르면, 행복해지기 위해서 자신이 다른 사람들의 도움을 절실히 필요로 하는 존재라는 사실을 때때로 '우아하게 수락'할 줄 알아야 한다. 이런 점에서 인간의 삶에서 진정한 기품은 스스로 자신에게 약점이 있다는 사실을 '우아하게 수락'할 때 비로소 드러난다고 할 수 있다. 그리고 이러한 인간적인 기품의 존재 여부는 행복한 사람과 그렇지 않은 사람을 구분하는 중요한 기준 중 하나다.

흔히 사람들은 다른 사람들에게 부탁을 하는 순간 스스로 초라해지는 느낌을 받고는 한다. 하지만 삶에서 가장 초라한 순간은, 지혜롭게 부탁만 하면 기꺼이 도움을 줄 사람이 곁에 있는데도 입을 닫고 지낼 때다.

또 많은 리더들은 지시와 명령을 통해 조직을 통솔할 수 있다고 믿는 경향이 있다. 하지만 만약 지시와 명령만으로도 조직의 모든 문제를 해결할 수 있다면, 굳이 리더십이 필요하지는 않을 것이다. 이러한 점은 부모와 교사의 경우도 마찬가지다. 세상의 리더는 두 유형으로 구분할 수 있다. 하나는 오로지 지시와 명령만 내리는 리더고, 나머지 하나는 지시와 명령을 내리는 동시에 때로는 부탁도 할 줄 아는 리더다. 어느 쪽이 행복한 리더인지는 분명해 보인다.

차태현의 아버지, 차재완은 한 토크쇼 프로그램에 아들과 함께 출연해 부탁의 기술을 선보인 적이 있다.[15] 차재완은 방송에서 평상시에도 아들들과 밤새도록 이야기하는 것이 정말 좋다면서 친구처럼 지내는 부자관계를 자랑스럽게 소개했다. 그러자 한 MC가 "아들한테 혹시 불만이 있으신 게 있나요?"라고 질문했다. 질문을 받고서 그는 "고칠 거는 몇 개 있어요"라고 대답했다.

"제가 시골 아버님께 항상 행사 때 30만 원씩 드리거든요. 그런데 그런 건 너무 닮아가지고 얘가 나한테 지금도 30만 원밖에 안 줘. (일동 웃음) 이런 건 이런 자리에서나 이야기하는 거지, 개인적으로는 못 하지. 오늘도 병원비는 다 냈더라고. 그런데 내가 오고 가고 교통비 또 식사비 이런 거 조금 더 주면 어때? 얘는 원칙대로 하니까. 근데 연예인 부모님들은 아들딸들 때문에 활동비와 품위유지비가 많이 들어가. 나 〈1박 2일〉 때문에 계속 쓰는 거야. 밥 먹을 때 자기가 산다고 해서 가면 순전히 애 이야기만 해요. 그러고 선 자기들이 먼저 일어나니, 결국은 내가 내야지….”

이 이야기를 들은 MC 중 하나가 차태현에게 넌지시 “이 자리에서 약속을 하셔야겠네요”라고 거들었다. 그러자 차태현은 다정하게 웃으면서 아버지의 무릎에 손을 얹으며 “따로 계좌번호 하나 주시고, 걱정하지 마세요. 따로 챙겨드릴게요”라고 말했다. 그 이야기를 들은 차재완은 이 순간을 놓치지 않고 아들의 손을 잡으면서 이렇게 말했다. “그래, 네가 공인(公人)이니까 약속을 지키거라.” 이 자리를 함께했던 모든 이들이 그의 말을 듣고 파안대소를 했다.

이것이 바로 부탁의 기술이다. 지혜롭게 그리고 유머러스하게 부탁을 하는 한, 부탁은 하면 할수록 행복해지는 데 도움이 된다. 여기서 중요한 점은 상대방이 들어줄 마음의 준비를 하고 있는 한, 부탁의 기술은 부탁을 하는 사람과 들어주는 사람 모두를 행복하게 만들 수 있다는 것이다.

유머의 기술

로버트 짐러(Robert L. Zimler)라는 작가는 자신의 저서 앞부분에 사사표기로 다음과 같은 글을 남긴 적이 있다. “아내와 아이들에게 바친다. 그들의 지속적인 도움이 없었더라면, 이 책은 훨씬 더 빨리 세상에 나왔을 것이다."[16]

이것이 바로 유머(Humor)다. 유머는 시련이나 스트레스 상황에서 재미있는 표현을 사용함으로써 웃음을 주는 것이다. 이러한 유머는 가학적이고 공격적인 농담이나 피학적인 형태의 자조 섞인 농담과는 다르다. 가학적인 농담은 듣는 사람에게 불쾌감을 주고 피학적인 농담은 말하는 사람을 슬프게 하는 반면에, 유머는 화자(話者)와 청자(聽者) 모두에게 웃음과 즐거움을 준다.

또 유머는 시시덕거리면서 농담을 주고받거나 웃음을 유발하는 익살스러운 몸짓을 하는 것과도 구분된다. 유머는 단순히 웃음을 유발하는 것 이상의 심리적인 의미를 갖고 있다.

문제 상황에서 우리의 시선을 진실로부터 벗어나도록 만드는 미성숙한 대처방식과는 달리, 유머는 우리가 고통스러운 문제 자체를 직시하게 하는 동시에 속마음을 있는 그대로 다른 사람들에게 표현하게 해준다. 벤이라는 꼬마가 생일선물을 받고서 친구에게 감사인사를 전한 아래의 사례를 살펴보자.

> 행크에게
> 드래곤 라이더를 선물해줘서 고마워.
> 난 그걸 끝내주는 소설책들과 바꿨어.
> 재미있게 읽을게.
>
> — 벤으로부터[17]

벤은 마음에 안 드는 선물을 받고도 위선적인 태도로 감사인사를 하기보다는 유머러스한 동시에 솔직하게 자신의 감정을 표현했다. 아마도 행크 역시 유머러스한 감사인사를 받고서 매우 즐거워했을 것이다. 이처럼 유머에는 단순한 웃음 이상의 심리적인 의미가 담겨있다.

유머에서는 타이밍과 맥락이 생명이다. 그래서 유머는 말로 표현하기도 어렵고 설명하기도 어렵다. 오로지 생생한 실제 삶의 현장에서만 효과를 제대로 경험할 수 있다.

천국에는 존재하지 않는 유머
—

흔히 사람들은 유머와 관련해서 두 가지 오해를 가지고 있다. 첫째, 유머의 본질이 즐거움에 있다고 믿는 것이다. 하지만 위트 있는 문장과 유머를 사랑한 것으로 유명한 소설가 트웨인은 유머에 대해 이렇게 말했다. "유머의 비밀스러운 근원은 즐거움이 아니라 슬픔이다. 그래서 천국에는 유머가 존재하지 않는다."[18]

기본적으로 유머는 지옥을 체험한 사람들이 사용하는 대처기술이다. 단, 유머는 찰나의 순간일지라도 지옥 같은 현실을 마치 천국 같은 것으로 바꿔준다. 이런 점에서 프로이트는 유머가 문제 상황에서 활용할 수 있는 대처방법들 중에서 최고 수준의 책략이라고 주장했다.[19] 5강에서 소개한 쥐 실험을 떠올려보라. 찰나의 순간이라도 온전하게 그리고 실제로 스트레스로부터 벗어날 수만 있다면, 쥐 실험에서 전기충격 조건의 쥐들이 보여주는 것처럼, 스트레스가 우리들의 삶을 망가뜨리는 것을 예방할 수 있다.

둘째, 유머의 재능이 타고난 것이라고 믿는 것이다. 하지만 유머 역시 인생의 다른 기술들과 마찬가지로, 인생이라는 학교에서 반드시 배워야만 쓸 수 있는 삶의 기술이다. 유머의 본질이 즐거움이 아니라 슬픔에 있고 유머의 재능이 타고나는 것이 아니라는 점은 위대한 코미디언들의 전기를 살펴보면 쉽게 확인할 수 있다. 사람들에게 '코미디의 황제' 하면 누가 떠오르느냐고 물으면, 대다수의 사람들이 찰리 채플린(Charlie Chaplin)이라고 답한다.

채플린은 지옥 같은 유년시절을 보냈다.[20] 그의 어머니는 조현병 환자였기 때문에 그를 제대로 돌볼 수 없었고 그는 유년기에 빈민수용소에서 생활해야 했다. 처음에 채플린은 스탠딩 코미디언으로서 술집에서 공연을 시작했다. 하지만 스스로 시인했던 것처럼, 데뷔 초에 그의 코미디 공연은 정말 재미가 없었다. 그는 공연 중에 관객들로부터 과일 껍질 세례와 더불어 야유를 받으며 무대에서 내려와야 했다. 이러한 일화에서 확인할 수 있는 것처럼, 채플린이 나중에 유머의 대가가 될 수 있었던 것은 타고난 재능 덕분이 아니라 전적으로 노력의 결과다.

유머가 한국, 중국, 일본의 동아시아 문화권에 비해 서구 사회에서 더 널리 활용되는 기술이기는 하지만, 그렇다고 동아시아에서 유머가 중요하지 않은 것은 아니다. 유머는 행복한 삶을 사는 데 필요한 보편적인 삶의 기술이다. 따라서 어느 사회에서 생활하든 간에 누구든지 유머를 활용하기만 하면, 행복한 삶을 사는 데 도움을 받을 수 있다. 이런 맥락에서 한국의 유머 사례를 살펴보자.

　한 TV 토크쇼 프로그램에서 MC가 이경규에게 다음과 같이 질문했다.[21] "술을 마시고 집에 늦게 들어갔는데 아내가 해장국을 끓여놨다든지 해서, 감동받은 적이 있나요?" 그러자 이경규가 답했다. "며칠 전에 새벽 3시에 집에 들어갔습니다. 아내가 자고 있더군요. 너무나 감동 받았습니다. 이런 감동이 어디 있습니까? (잔소리 안 하고) 자고 있는 모습이 그렇게 아름다울 수가 없었습니다."

　대부분의 사람들은 사회생활을 하며 가정 내 불화에 대해서는 입을 다물고 살아간다. 하지만 '임금님 귀는 당나귀 귀'라는 설화가 전해주는 것처럼, 인간은 마음속에 무언가 맺혀있는 '억하심정(抑何心情)'을 가진 상태에서는 행복한 삶을 살기 어렵다. 바로 유머는 이러한 심정을 억누르지 않고 '사실 그대로 하지만 재미있게' 표현할 수 있도록 도와준다.

　앞의 예에서 이경규는 술 마시고 늦게 들어가는 문제 때문에 종종 가정 분위기가 불편해진 적이 있다는 점을 유머러스하게 표현했다. 이렇게 유머를 활용하면 화자와 청자 모두가 유쾌하게 웃을 수 있다. 유머와 관련해서 주의해야 할 점 중 하나는, 스트레스 상황을 재미있게 표현하되 어디까지나 사실에 기초해야 한다는 점이다. 앞에서 소개한 짐러의 사사표기, 벤의 감사인사, 그리고 이경규가 감동받은 일화 모두 사실에 기초한 것이었다.

널리 알려진 것처럼 유머러스하지 않은 사람이 유머러스해지려고 노력하는 것만큼 소름끼치는 일은 없다. 그럼에도 불구하고 유머는 인생이라는 학교에서 반드시 배워야만 쓸 수 있고 꾸준히 노력해야만 향상시킬 수 있는 삶의 기술이다.

봉사의 기술

라디오 방송 진행자 버나드 멜처(Bernard Meltzer)에 따르면, "행복은 키스 같은 것이다. 행복을 즐기기 위해서는 함께 나눠야만 한다."[22] 똑같이 다른 사람을 위한 행동이라도 어떤 활동이 봉사가 되고, 어떤 활동이 선물이 되는지는 기저의 감정이 무엇인가에 달려있다. 봉사는 연민의 감정을 바탕으로 하는 반면, 선물은 사랑의 감정에 기초한다.

연민과 사랑은 다르다. 연민은 자신이 잘 아는 사람이건 잘 모르는 사람이건 간에 다른 사람의 고통을 제거하려는 욕구와 관계

있다.[23] 이에 비해, 사랑은 좋아하는 사람과 애착을 형성하려는 욕구다. 정의상 사랑을 하는 것이 행복해지는 데 도움이 되는 것은 당연한 일로 보인다. 그런데 왜 내가 사랑하는 사람이나 나의 고통이 아닌, 내가 잘 모르는 사람의 고통을 제거하는 연민이 나의 행복에 도움이 되는 것일까?

놀랍게도 이타적인 의사결정은 중변연계 보상체계(Mesolimbic Reward System)가 활성화되는 것과 밀접한 관계가 있다.[24] 중변연계 보상체계는 맛있는 음식이나 돈 같은 쾌락자극을 추구할 때 활성화되는 '쾌락중추'다. 기능적 자기공명 영상(fMRI) 장치를 이용한 연구에 따르면, 연구참여자들이 돈을 자신의 지갑에 넣을 때보다 다른 사람을 위해 기부할 때 뇌에서 중변연계 보상체계가 더 크게 활성화되는 것으로 나타났다. 즉, 우리의 뇌는 이기적인 선택을 할 때보다 이타적 선택을 할 때 쾌감중추가 더 두드러지게 활성화되도록 생물학적으로 설계된 것이다.

봉사를 실천하기 위해서는 두 가지 조건이 필요하다. 첫째, 선물의 기술과 마찬가지로, 봉사의 기술에서도 심리적 동화가 필수적이다. 이타주의든 친절이든, 우연히 의도치 않게 남을 돕거나 불순한 의도를 갖고서 남을 돕는 것이 아닌 이상, 우리는 다른 사람들을 위하는 마음이 있을 때만 선행을 베풀 수 있다. 왜냐하면 모든 선행은 어려운 처지에 있는 사람들을 위해 내가 가지고 있는 무언가를 기꺼이 내주는 것을 뜻하기 때문이다. 다만, 심리적 동화는 하나의 형태로 존재하는 것이 아니라, 다른 사람을 마음속으로 담아내는 수준에 따라 낮은 수준에서부터 깊은 수준에 이르기까지 다양한 형태로 존재할 수 있다. 봉사에는 두 가지가 있다. 바로 친절과 이타주의다. 친절은 작은 기쁨(즐거움)을 주는 선행을 뜻하는 반면, 이타주의는 큰 기쁨(환희)을 주는 선행에 해당된다. 친절과 이타주의를 구분하는 중요한 기준 중 하나는 바로 심리적 동화의 수준이다. 보통 심리적 동화의 수준이 낮을 경우 친절한 행동을 보이고, 심리적 동화의 수준이 높을 경우 이타적인 행동을 나타낸다.

둘째, 오직 행복한 사람만 봉사를 실천할 수 있다. "행복은 향수 같은 것이어서 먼저 자신에게 몇 방울 떨어뜨리지 않고서는 다른 사람들에게 그 향기를 퍼뜨릴 수 없다."[25] 불행한 사람이 시도하는 봉사는 정의상 봉사가 될 수 없다. 왜냐하면 불행한 사람은 실수나 우연에 의한 것이 아니라면, 사실상 다른 사람을 행복하게 해주기보다는 불편하거나 불행하게 만들 뿐이기 때문이다. 단, 여기서 말하는 불행은 단순히 가족들 간에 불화를 겪거나 불운한 사건을 겪는 것을 말하는 것이 아니라, 인생이 암울하다고 믿는 것을 말한다.

이타주의

유대인의 삶에서 정신적인 지주 역할을 하는 탈무드(Talmud)에는 '마법의 사과' 이야기가 나온다.[26] 이 이야기는 '이타주의'가 어떤 것인지를 상징적으로 잘 보여준다.

옛날 어느 왕에게는 슬하에 공주가 하나 있었다. 그러던 어느 날 공주가 불치병에 걸려 죽음을 눈앞에 두게 되었다. 왕은 공주의 병을 고치기 위해서 나라 안팎에 있는 명의들을 모두 불러다 공주를 치료하게 했지만 모두 실패하고 말았다. 마지막 시도로 왕은 공주의 병을 치료하는 사람을 사위로 삼고 왕위를 계승하겠다는 약속을 담은 공고문을 왕궁의 성벽에 내걸었다.

한편 이 왕궁에서 아주 멀리 떨어진 마을에 삼 형제가 살고 있었다. 이 삼 형제는 제각각 특별한 마법의 도구를 가지고 있었다. 첫째는 아무리 멀리 떨어져있어도 모든 것을 볼 수 있는 마법의 망원경을, 둘째는 아무리 먼 거리라도 쏜살같이 날아갈 수 있는 마법의 양탄자를, 마지막으로 셋째는 어떤 병이라도 빠른 시간 내에 치료할 수 있는 마법의 사과를 가지고 있었다.

마침 첫째가 마법의 망원경으로 왕이 내걸었던 공고문을 봤다. 그래서 삼 형제는 둘째가 가지고 있는 마법의 양탄자를 타고서 왕궁으로 날아갔다. 그리고 셋째가 가진 마법의 사과를 공주에게 먹여 순식간에 공주의 병을 치료했다. 공주의 병이 치료되자 왕은 뛸 듯이 기뻐했지만 새로운 문제가 생겼다. 삼 형제가 서로 자신의 공을 내세우며 자신이 공주와 결혼해야 한다고 주장했기 때문이었다. 결국 왕은 막내를 자신의 사위로 선택했다. 왜 그랬을까?

첫째와 둘째는 공주의 병이 나은 다음에도 마법의 망원경과 양탄자를 그대로 가지고 있었다. 하지만 막내는 마법의 사과로 공주를 치료했기 때문에 더 이상 사과가 남아 있지 않았다. 따라서 가장 값비싼 희생을 치른 것은 막내였다고 할 수 있다.

이처럼 탈무드에서는 이타주의가 단순히 남을 돕는 것 이상의 의미를 지닌 것이라는 점을 일깨워준다. 이타주의는 마법의 사과 이야기처럼, 자신이 가지고 있는 소중한 것을 다른 사람에게 내줌으로써 남을 돕는 것을 말한다. 이때 다른 사람에게 무엇을 내주느냐는 중요하지 않다. 물질적인 것도 가능하고 시간이나 공감처럼 비물질적인 것도 가능하다. 다만, 이타주의에서는 마더 테레사(Mother Teresa)가 말한 것처럼, "얼마나 많이 주느냐보다는 얼마나 많은 사랑을 담느냐가 더 중요하다."[27]

친절

마더 테레사는 사랑을 실천하는 방법에 대해 이렇게 설명한 적이 있다. 사랑을 반드시 위대한 일들에만 담을 필요는 없다. 오히려 위대한 사랑은 자그마한 일에도 담길 수 있기 때문이다. 이런 맥락에서 그녀는 "우리 모두의 마음속에는 커다란 사랑이 있다. 우리의 사랑을 보여주는 것을 두려워해서는 안 된다"[28]라고 말했다.

마더 테레사의 이러한 설명은 친절의 중요성과 관련해 중요한 시사점을 준다. 우리는 자그마한 친절을 통해 마치 '신(神)'과도 같은 위대한 일을 실천할 수도 있다. 한국에서 설립된 국제구호개발 민간기구(NGO)인 굿네이버스(Good Neighbors)의 '100원의 기적 캠페인' 영상은 친절이 어떠한 역할을 할 수 있는지를 잘 보여준다.

흔히 볼 수 있는 은빛 동그라미 100원.

그렇다면, 100원으로 할 수 있는 일은?

길 가는 사람들에게 물어보면,

"딱히 할 수 있는 일은 없는 것 같은데요"라고 대답한다.

우리가 알고 있는 100원은 어디에도 쓸 곳이 없는 그저 작은 동전일 뿐.

하지만 이 세상에는

날마다 물을 길러 커다란 물통을 지고 집을 나서야 하거나

배가 고파서 날마다 쓰레기장에서 먹을 것을 찾아야 하거나

학교에 가고 싶지만 굶주린 배를 움켜쥐고 일을 해야 하는

아이들이 있다.

100원이면,

네팔에서는 바나나 세 송이를,

차드에서는 물 10리터를 살 수 있다.

100원이 5개 모이면,

탄자니아 아이들에게는 한 끼 식사를,

그리고 100원이 10개 모이면,

스리랑카에서는 계란 한 판을 살 수 있다.

100원이 없어 삶의 희망을 보지 못하는 아이들.

100원으로 할 수 있는 일?

기적을 만들 수 있다.

흔히 인간의 삶을 좌지우지하는 존재를 신이라고 부른다. 누구
든지 마음먹기만 하면, 100원으로 마치 신과도 같은 역할을 할 수
있다. 이것이 바로 '친절의 숨겨진 힘'인 동시에 우리가 친절을 통
해서도 충분히 행복해질 수 있는 이유다.

낯선 곳으로 장기간 여행을 가본 적이 있는 사람이라면, 타지에
서 온 사람들에게 누군가의 자그마한 친절이 얼마나 소중한지 깨
달은 적이 있을 것이다. 그리고 타지에서 곤란한 상황에 처했을 때
다른 이들의 친절로 곤경에서 벗어난 적이 있는 사람이라면, 여행
에서 되돌아왔을 때 어려움에 처한 사람들에게 이전보다 더 적극

적으로 친절을 베풀게 되는 것은 인지상정에 속하는 일일 것이다.

마더 테레사의 말처럼, 친절은 결코 자그마한 일이 아니다. '위대한 사랑'을 담기만 한다면 말이다.

조금씩 그리고 꾸준히 행복해질 것

"지식과 기술만으로는 인류를 행복하고 품위 있는 삶으로
인도할 수 없다는 사실을 잊지 말자."

— 알버트 아인슈타인(Albert Einstein)[1]

바야흐로 4차 산업혁명의 시대다. 지식과 기술의 눈부신 진보가 삶을 윤택하게 하는 것은 분명해 보인다. 하지만 지식과 기술이 삶에 윤기와 광택을 더해준다고 해서 지식과 기술 그 자체가 빛을 발산하는 것은 아니다. 삶의 빛은 오로지 우리가 품격을 갖출 때만 나올 수 있다.

흔히 섹스산업은 최첨단 과학기술의 첨병이 되어왔다. 최근에도 인간을 닮은 인공지능 로봇인 휴머노이드(Humanoid)가 섹스산업을 주도하게 될 것이라는 예측이 지배적이다. 품격이 갖춰지지 않았을 때, 지식과 기술은 쾌락의 도구로 전락하기 십상이다. 성욕을 해소하는 도구로 휴머노이드를 사용하는 것에 대한 가치 평가

는 복잡한 문제일 수 있겠으나 그것이 품격 있는 삶과는 거리가 먼 것이라는 점에 대해서는 이의가 거의 없을 것이다.

쾌락의 황홀경이 우리에게 행복을 선사해줄 가능성은 마약중독자가 행복을 기대하는 것만큼이나 희박하다. 또 자기만족감에 도취되어있는 사람이 행복해지기를 기대하는 것은 "마치 태양을 그려놓고 빛이 나오기를 기다리는 것"[2] 만큼이나 자가당착(自家撞着)이다. 행복한 삶을 위해 '자족(自足)'하는 것이 중요하다고 해서 그러한 자기만족만으로 행복한 삶이 보장되는 것은 아니다.

행복은 자기만족 이상의 것이다. 행복한 삶은 스스로 자신의 삶에 만족하고 하루하루를 즐겁게 생활하며 삶의 고난에 직면해서도 좌절하지 않고 스트레스의 부정적인 영향력으로부터 자유로워지는 것을 말한다. 쾌감이나 만족감만으로는 이러한 형태의 행복한 삶에 도달하기 어렵다. 쾌감이나 만족감은 고통을 견디고 극복해내는 힘이 부족하기 때문이다. 누구라도 인정할 수 있듯이, '고통 없는 삶'이라는 것은 존재할 수 없다. 따라서 고통을 배척하는 것이 아니라 그러한 아픔조차도 끌어안을 수 있는 형태의 행복을 추구해야 한다. 서두에서 소개한 것처럼, 행복의 품격은 오직 진실되고 선하며 아름다운 노력을 통해서만 얻을 수 있다.

삶의 아픔을 우아하게 수락하기

《논어(論語)》의 '자한(子罕)' 편에는 인생을 품위 있고 행복하게 살아 가기 위해서 무엇이 필요한지 우리에게 일깨워주는 구절이 나온 다. '차가운 북풍이 몰아치는 한겨울의 추위를 겪고 난 후에야 잣 나무와 소나무의 푸르름을 알 수 있다'는 것이다. 시인 칼릴 지브 란(Kahlil Gibran)도 우리가 삶에서 "만약 햇빛과 따사로운 온기를 받 아들이고자 한다면, 마땅히 천둥과 번개도 수용할 줄 알아야 한 다"[3]고 지적했다.

와일드에 따르면, "더 깊이 있는 사람이 되는 것은 고통을 겪은 사람들에게 주어진 특전"[4]이다. 이처럼 좌절하지만 않는다면, 고 통은 우리가 삶을 더 깊이 사랑할 수 있는 기회를 제공해줄 수 있 다. 이런 점에서 행복의 품격은 삶 속에 내재한 아픔과 슬픔을 '우 아하게 수락할 줄 아는 지혜'에서 나온다고 할 수 있다. 다시 말해, 행복을 품위 있게 추구한다는 것은 '승화된 긍정성'의 맥락에서 삶 속에 내재한 아픔과 슬픔을 치유해나가는 것을 말한다.

지금까지 이 책에서 포유류의 핵심감정으로 소개한 기쁨, 희망, 믿음, 사랑, 감사, 연민, 용서, 경외감의 여덟 가지 긍정감정은 모 두 승화된 긍정성과 밀접한 관계가 있다. 이러한 긍정감정들의 이 면에는 삶의 고통이 숨어있기 때문이다. 이러한 긍정감정들은 주로 '그럼에도 불구하고'의 형태로 체험된다.

기쁨은 삶의 아픔에도 불구하고 이를 치유하는 데서 오는 긍정 감정이다. 희망은 뼈아픈 좌절에도 불구하고 이를 극복해내는 것이다. 믿음은 끈질긴 불신의 유혹에도 불구하고 이를 견뎌내는 것이다. 사랑은 반복되는 갈등과 반목에도 불구하고 유대감을 지켜내는 것이다. 감사는 자신이 세상으로부터 과분(過分)한 것을 받은 것 같은 느낌이 듦에도 불구하고 이를 누릴 줄 아는 것이다. 연민은 나 자신이나 사랑하는 이가 아닌, 타인이 고통을 받음에도 불구하고 그러한 고통을 제거해주려는 욕구다. 용서는 불타오르는 복수심에도 불구하고 가해자의 죄를 너그럽게 봐주는 것이다. 마지막으로 경외감은 죽음의 공포와 불멸성의 수수께끼에도 불구하고 심오한 깨달음을 얻는 것이다.

외견상 승화된 긍정성으로서의 행복을 추구하는 것은 익숙하지 않기 때문에 어려운 인상을 줄 수 있다. 하지만 중요한 것은 여덟 가지 긍정감정들을 향유하는 방법은 모두 인생이라는 학교에서 적어도 한 번은 배워야만 하는 것들이라는 점이다. 승화된 긍정성으로서의 행복을 추구하는 방법을 태어나면서부터 알고 있는 사람은 없다. 따라서 누구든지 처음 배울 때는 낯선 느낌을 받을 수밖에 없다.

인생을 품위 있고 행복하게 살아가는 것은 그 모든 어려움에도 불구하고 도전해볼 만한 가치가 있다. 와일드가 말한 것처럼, 그것은 태어나면서부터 고통과 더불어 삶을 시작해서 평생 고통을 반려자로 삼아 함께 살아가는 우리에게 주어진 특전이기 때문이다.

요약하자면, 행복의 품격은 삶에서 경험하는 긍정감정인 기쁨, 희망, 믿음, 사랑, 감사, 연민, 용서, 경외감의 깊이에서 배어나오는 것이다. 이런 점에서 행복은 쾌락의 '강도'나 만족감의 '빈도'가 아니라, 긍정감정의 '깊이'에 있다.

행복의 거울

행복한 삶을 위해 노력하는 과정에서 유용하게 활용할 수 있는 기술 중 하나로 '행복의 거울'이 있다. 이것은 일상적으로 생활을 하다가 이따금씩 함께 생활하는 소중한 사람의 얼굴을 살펴보는 것을 말한다. 다만, 행복의 거울을 활용하기 위해서는 준비 과정이 필요하다.

〈그림6〉은 같은 사람이 다른 표정으로 웃고 있는 모습이다. 왼쪽과 오른쪽의 얼굴표정 중 어느 쪽이 진정으로 행복한 미소를 짓고 있는 것으로 보이는가?

행복한 삶을 살아가는 데 '진정으로 행복한 얼굴표정'과 '겉으로만 행복해하는 표정'을 구분하는 것은 중요하다. 사실상 이것을

<그림6> 행복의 거울

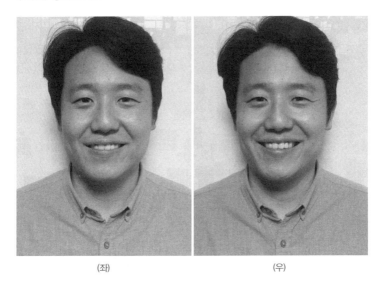

(좌)   (우)

지혜롭게 구분하지 못한다면, 행복해지는 데 심각한 걸림돌이 생
긴다. 행복한 표정과 불행한 표정을 구분하지 못한다면, 자신이 도
달해야 할 목표를 찾는 데도 어려움을 겪을 것이다. 〈그림6〉에서
진정으로 행복한 미소를 짓고 있는 것은 어느 쪽인가?

정답은 오른쪽의 얼굴표정이다. 미소에는 두 종류가 있다. 하나
는 뒤센 미소(Duchenne smile)로서 행복의 미소에 해당된다.[5] 이 명
칭은 이러한 현상을 처음으로 보고했던 프랑스의 신경학자 기욤
뒤센(Guillaume Duchenne)의 이름에서 유래했다.

이에 비해, 왼쪽의 미소는 가짜 미소인 '팬암 미소(Pan Am Smile)'

에 해당된다. 이 명칭은 미국의 팬아메리칸월드항공(Pan American World Airways)의 승무원들이 전형적으로 이런 미소를 지었던 것에서 유래했다.

예외적으로 사람들 중에는 함께 생활하는 소중한 사람이 왼쪽 표정을 지을 때 정작 자신은 오른쪽 표정을 짓는 사람들이 있다. 심리학에서는 이러한 사람들을 '새디스트(Sadist)' 또는 가학적인 성격의 소유자라고 진단을 내리고 심리치료를 권유한다. 또 사람들 중에는 함께 생활하는 소중한 사람이 오른쪽 표정을 지을 때 정작 자신은 왼쪽 표정을 짓는 사람들이 있다. 심리학에서는 이러한 사람들을 '마조히스트(Masochist)' 혹은 피학적인 성격의 소유자라고 진단을 내리고 새디스트와 마찬가지로 심리치료를 권유한다.

만약 당신이 특별히 심리치료를 필요로 하는 사람이 아니라면, 함께 생활하는 소중한 사람의 얼굴표정을 살펴봤을 때, 상대방의 얼굴표정과 당신의 얼굴표정이 일치하게 될 것이다. 만약 상대방이 〈그림6〉에서의 왼쪽 표정, 즉 팬암 미소를 짓고 있다면, 당신의 얼굴표정을 확인하기 위해 거울을 볼 필요가 없을 것이다. 당신의 표정도 팬암 미소에 준할 것이기 때문이다. 그 반대도 마찬가지다. 만약 상대방이 뒤센 미소를 짓고 있다면, 당신의 표정도 뒤센 미소를 짓고 있을 것이다.

행복의 거울을 활용하는 방법은 다음과 같다. 만약 일상생활을 하다가 이따금씩 함께 생활하는 소중한 사람의 얼굴을 살펴보라. 만약 상대방이 팬암 미소를 짓고 있다면, 그것을 뒤센 미소로 바꾸기 위해 노력하는 것이다. 여기서 중요한 점은 행복의 거울을 활용하는 상황이 소중한 이가 어떤 이유에서건 간에 당신 앞에서 팬암 미소를 짓고 있는 경우라는 것이다. 그것만으로도 당신의 즉각적인 개입이 필요한 상황이다. 부디, 기억하라. 행복의 제1원칙은 바로 사랑하는 이와 더불어 행복하게 생활하는 것이다.

먼저, 추천할만한 방법은 바로 공감의 기술이다. 상대방이 팬암 미소를 짓고 있는 순간에 인간이라면 누구나 듣고 싶어할만한 이야기를 인간이라면 누구든지 표현할 수 있는 형태로 진심을 담아 말한다. 다음으로, 시간을 선물하는 것도 도움이 될 것이다. 또는 긍정대화법을 사용해보는 것도 효과적일 수 있다. 때로는 이러한 상황에서 당신의 대표강점을 활용해보는 것도 좋은 대안이 될 수 있다. 그밖에 칭찬, 감사, 부탁, 유머, 용서 등 앞에서 소개한 행복의 기술들을 상황에 맞춰 활용해보자. 물론 상황에 따라서는 전화와 봉사의 기술을 활용하면 소중한 이가 당신 앞에서 팬암 미소를 짓지 않게 하는 데 도움이 될 것이다.

행복의 거울을 활용할 때 주의해야 할 점이 두 가지 있다. 먼저, 당신이 만나는 모든 사람에게 행복의 거울을 적용해서는 안 된다. 만약 만나는 모든 사람들에 대해서 행복의 거울을 적용하려고 덤

벼든다면, 당신은 화병에 걸리게 될 위험성이 있다. 우리가 만나는 모든 사람들을 행복하게 해주는 것은 불가능하기 때문이다. 행복의 거울은 자신에게 소중한 의미가 있는 대상들에 한해 적용하는 것이 바람직하다.

또 소중한 사람일지라도, 365일 내내 행복의 거울을 적용하려 해서는 안 된다. 아무리 사랑하는 사람일지라도 365일 내내 상대방을 행복하게 해주는 것은 불가능하기 때문이다.

나를 위해 위험을 무릅쓸 사람은 누구일까?

살아가다 보면, 내 삶이 올바른 길로 나아가고 있는지 의문이 들때가 있다. 행복메타인지의 측면에서 이러한 문제를 해결하는 데 효과적인 과제가 있다. 바로 '행복한 삶을 위한 평생과제'다. 이 과제는 연초나 연말, 생일과 같은 특별한 기념일에 평생에 걸쳐 꾸준히 점검하는 것이 효과적이다.

행복한 삶을 위한 평생과제는 세계적인 CEO이자 '오마하의 현인'으로 불리는 워런 버핏(Warren Buffett)의 강연 내용에서 유래한 것이다. 버핏은 한 강연회에서 다음과 같이 말했다.[6] "제게는 폴란드계 유대인으로서 제2차 세계대전 때 아우슈비츠 수용소에 수감된 적이 있던 벨라 아이젠버그(Bella Eisenberg)라는 오랜 친구가 있었습니다. 그녀는 친구를 사귀는 게 매우 느렸습니다. 왜냐하면 사람들을 만날 때마다 속으로 이렇게 물었기 때문입니다. '내가 위기 상황에 처했을 때 과연 저 사람들은 나를 숨겨줄까?'

버핏에 따르면, 위기 상황에서 자신을 숨겨줄만한 사람들이 존재한다면 그 사람은 행복한 삶을 살고 있다고 말할 자격이 있다. 하지만 아무리 돈이 많고 출세를 했다 하더라도 어려운 순간에 자신을 숨겨줄 수 있는 사람이 없다면 삶의 방식을 바꿀 필요가 있다. 자, 이제 스스로에게 질문하고 솔직하게 답해보자. 중요한 점은 당사자에게 직접 물어봐서는 안 된다는 것이다. 그렇게 직접 물어본다고 해서 진심을 솔직하게 털어놓는다는 보장도 없다. 자신의 마음속에서 해결해야 하는 과제인 것이다.

"내가 위기 상황에 처했을 때, 과연 위험을 무릅쓰고 나를 숨겨줄 사람은 누구인가?"

행복한 삶을 위한 평생과제의 핵심 포인트는 여기서부터 시작한다. 나와 혈연관계에 있는 사람들은 모두 제외해야 한다. 핏줄은 천륜으로 이어진 관계이기 때문에 내가 특별히 행복한 삶을 살고 있지 않더라도 나를 숨겨줄 수 있다.

보통 인생에서 피 한 방울 섞이지 않은 사람 중 이 기준을 넘어가는 첫 번째 대상은 바로 배우자다. 행복한 삶을 위한 평생과제는 사회생활을 하면서 배우자처럼 피 한 방울 섞이지 않은 사람 중 이 기준을 통과하는 사람의 숫자를 하나둘씩 늘려가는 것이다. 물론 다다익선(多多益善)이다. 만약 시간이 흐를수록 그 숫자가 하나둘씩 늘어간다면, 틀림없이 당신의 삶은 행복한 방향으로 올바르게 나아가고 있는 것이다.

그렇다면, 위기 상황에서 목숨을 걸고 숨겨줄 만큼, 나를 사랑해주는 사람들을 만드는 방법은 무엇일까? 이것이 바로 이 책의 숨겨진 주제다. 그 답은 '행복을 품위 있게 추구하는 것'이다. 그리고 그 구체적인 방법은 지금까지 소개한 모든 행복의 기술이다. 다시 말해서, 심리적 동화 및 전망의 지혜에 기초해 낙관적인 태도로 공감, 선물, 긍정대화, 성격강점, 칭찬, 감사, 부탁, 유머, 용서, 전화, 봉사의 기술 등을 활용하는 것이다.

조금씩 꾸준히 행복해질 것

지금까지 소개한 것처럼, 행복한 삶을 사는 것은 결코 만만치 않은 일이다. 세상의 다른 일들과 마찬가지로 행복도 많은 시간과 노력을 필요로 한다. 아마도 우리가 365일 내내 행복하게 사는 것은 불가능할 것이다. 하지만 누구든지 마음먹기만 한다면, 하루 정도는 얼마든지 행복하게 보낼 수 있다. 링컨이 말한 것처럼, 우리는 "스스로 마음먹는 것만큼 행복해질 수 있다."[7]

이런 맥락에서 행복한 삶을 위한 24시간의 실험을 시도해보라. 실험을 진행하기에 가장 편한 날을 선택한 후, 적어도 그날만큼은 하루를 행복하게 보내기 위해 특별한 노력을 기울이는 것이다. 마치 내 인생이 처음부터 '하루'로 고정되어있는 것처럼 말이다.

100세 시대라는 점을 고려하면, 한 사람의 인생에는 100년의 시간이 담긴다고 할 수 있다. 그 100년의 시간은 36,500일이다. 아마도 행복한 삶을 살아가는 사람들은 그렇지 않은 사람들에 비해 36,500일 중 행복하게 살아가는 날들이 평균적으로 더 많을 것이다.

물론 36,500일 중 어느 하루 동안 불행한 일들을 겪는다고 해서 그 사람의 인생 전체가 불행한 삶이 되는 것은 아니다. 또 행복한 삶을 살기 위해서 36,500일 중 대부분의 날들을 행복하게 살아야만 하는 것도 아닐 것이다. 하지만 그러한 날들 중 단 하루조차도 행복하게 살지 못한다면, 아무리 많은 시간이 주어지더라도 그 사람이 행복한 삶을 살아가는 것은 불가능할 것이다. 이런 점에서 36,500일 중 적어도 단 하루만이라도 행복하게 살 수 있는지 여부는 행복하게 살 수 있는 능력을 평가하는 지표가 될 수 있다.

이런 맥락에서 미리 계획을 짜서 적당한 날을 선택한 후, 그날 하루를 행복의 기술로 채우는 인생실험을 진행해보라. 그 하루 동안은 심리적 동화 및 전망의 지혜에 기초해 낙관적인 태도로 공감, 선물, 긍정대화, 성격강점, 칭찬, 감사, 부탁, 유머, 용서, 전화, 봉사의 기술들을 실천하는 것이다. 물론 하루 동안 내내 오직 행복의 기술들만을 사용하라는 것이 아니라, 가급적 행복의 기술들을 적극적으로 활용하기 위해 최선을 다해보라는 것이다.

단, 행복한 삶을 위한 24시간의 실험을 시도할 때는 반드시 사전에 날짜를 결정하고 일단 날짜를 정하면 가급적 변경해서는 안 된다. 날짜를 중간에 변경하기 시작하면, 행복한 삶을 이끌어가는 나의 능력을 객관적으로 평가하기가 어렵다.

실험이 진행되는 24시간 동안 행복감을 얼마나 경험하는지는 사람들마다 다를 수 있다. 여기서 주의할 점이 있다. 실험을 마친 다음에 행복도를 평가할 때는 단순히 만족도만을 기준으로 평가할 것이 아니라, 행복의 네 가지 기준, 즉 만족감, 회복탄력성, 긍정정서, 스트레스로부터의 자유를 모두 고려할 필요가 있다.

만약 당신이 24시간을 행복하게 보낼 수 있다면, 그것만으로도 행복한 삶을 살 수 있는 능력은 검증된 것이다. 그렇다면 굳이, 나머지 날들이 행복하지 않도록 내버려둘 이유가 무엇이겠는가?

영국의 극작가 존 플레처(John Fletcher)는 "신의 숨은 뜻은 우리의 노력 속에 있다. 용기야말로 우리에겐 최고의 신이다"[8]라고 말했다. 노력하는 한, 누구든지 행복한 삶을 향해 조금씩 하지만 꾸준히 나아갈 수 있다. 부디 행복한 삶을 위해 이 책에서 소개한 행복의 기술들을 일상생활에서 꼭 실천하길 바란다.

다음은 당신의 성격강점을 탐색하기 위한 문항들이다. 각 문항에 대해 동의하는 정도를 아래의 연습 문제에 나와있는 것처럼 1점에서 10점 사이의 값으로 표시하시오.

〈연습 문제〉

나는 매우 도덕적인 사람이다. (8점) 전혀 그렇지 않다　　매우 그렇다
1점 ·················· 10점

심미안

· 나는 아름다운 것들을 볼 때마다 매우 커다란 감명을 받는다.

점

· 나는 늘 어디를 가든지 자연의 아름다움을 감상하기 위해 노력한다.

점

용기

· 나는 용감하다. ⋯⋯⋯⋯⋯⋯⋯⋯⋯⋯⋯⋯⋯⋯⋯ [　　] 점

· 나는 두려운 상황에 맞닥뜨려도 좀처럼 움츠러들지 않는다.

⋯⋯⋯⋯⋯⋯⋯⋯⋯⋯⋯⋯⋯⋯⋯⋯⋯⋯⋯⋯⋯⋯⋯⋯⋯⋯ [　　] 점

창의성

· 나는 독창적인 사람이다. ⋯⋯⋯⋯⋯⋯⋯⋯⋯⋯ [　　] 점

· 나는 새로운 아이디어를 잘 떠올린다. ⋯⋯⋯⋯ [　　] 점

호기심

· 나는 다른 사람들보다 관심사가 훨씬 더 많다. ⋯⋯ [　　] 점

· 세상에는 나를 흥분시키는 활동들이 아주 많다. ⋯ [　　] 점

공정성

· 나는 모든 사람을 늘 동등하게 대한다. ⋯⋯⋯⋯ [　　] 점

· 나는 내가 좋아하지 않는 사람도 다른 사람들과 동등하게 대우한다.

⋯⋯⋯⋯⋯⋯⋯⋯⋯⋯⋯⋯⋯⋯⋯⋯⋯⋯⋯⋯⋯⋯⋯⋯⋯⋯ [　　] 점

용서

· 나는 원한을 거의 품지 않는다. ⋯⋯⋯⋯⋯⋯⋯⋯ [　　] 점

· 나는 누군가가 내게 잘못을 저지르더라도 앙갚음을 하지 않는다.

⋯⋯⋯⋯⋯⋯⋯⋯⋯⋯⋯⋯⋯⋯⋯⋯⋯⋯⋯⋯⋯⋯⋯⋯⋯⋯ [　　] 점

감사

· 나는 날마다 감사하는 마음으로 생활한다. ⬝⬝⬝⬝⬝ [ ] 점

· 나는 이따금씩 내가 세상으로부터 받은 축복을 떠올려본다.

[ ] 점

정직

· 나는 항상 바르게 생활하려고 노력한다. ⬝⬝⬝⬝⬝ [ ] 점

· 나는 도덕적 원칙을 지키기 위해 애쓴다. ⬝⬝⬝⬝⬝ [ ] 점

희망

· 나는 난관에 처했을 때도 미래에 대해 낙관적인 태도를 취한다.

[ ] 점

· 나는 대부분의 사람들이 부정적으로 바라보는 것에 대해서도 늘 긍정
적인 면을 발견할 수 있다. ⬝⬝⬝⬝⬝ [ ] 점

유머

· 나는 언제나 유머를 활용하기 위해 노력한다. ⬝⬝⬝⬝⬝ [ ] 점

· 나는 스트레스 상황에서도 유머감각을 잃어버리지 않는다.

[ ] 점

판단력

· 나는 결정을 내리기 전에 반드시 정확한 정보를 입수하려고 노력한다.

[ ] 점

· 나는 항상 올바른 근거를 바탕으로 결정을 내린다. ⬝⬝⬝ [ ] 점

친절

- 나는 다른 사람들을 위해서 작은 호의를 베푸는 것을 정말 좋아한다.

  점

- 나는 아무리 바빠도 늘 다른 사람들을 도우려고 노력한다.

  점

리더십

- 나는 늘 사람들을 잘 이끈다. □ 점
- 사람들은 늘 내가 집단을 이끌기를 기대한다. □ 점

학습

- 나는 새로운 지식이나 기술을 배우는 것을 좋아한다. □ 점
- 나는 무언가 새로운 것을 배울 수 있는 기회를 절대로 놓치지 않는다.

  점

사랑

- 나는 다른 사람들에게 사랑하는 마음을 잘 전달할 수 있다.

  점

- 나는 다른 사람들에게 사랑한다는 말을 자주 한다. □ 점

겸손

- 나는 내가 성취한 것들을 과시하지 않는다. □ 점
- 나는 다른 사람들로부터 겸손한 사람이라는 이야기를 듣는 편이다.

  점

인내

- 나는 내가 시작한 것은 반드시 끝마친다. .... ☐ 점
- 나는 그 어떤 어려움이 있더라도 맡은 일을 완수한다. ☐ 점

통찰

- 주변 사람들은 내가 현명한 사람이라고 말한다. .... ☐ 점
- 주변 사람들은 조언을 구하기 위해 나를 자주 찾아온다. ☐ 점

자기조절

- 나는 스스로 절제를 잘하는 편이다. .... ☐ 점
- 나는 유혹을 잘 견뎌내는 편이다. .... ☐ 점

사회지능

- 나는 다른 사람들이 무엇을 원하는지를 잘 알아차린다. ☐ 점
- 나는 다른 사람들의 감정을 잘 헤아린다. .... ☐ 점

영성

- 나는 영적인 세계의 가치를 믿는다. .... ☐ 점
- 나는 우주적인 힘이 있다고 믿는다. .... ☐ 점

팀워크

- 나는 혼자 일할 때보다 다른 사람들과 함께할 때 일을 더 잘한다.

  .... ☐ 점
- 나는 집단의 일원이 되는 것을 정말 좋아한다. .... ☐ 점

신중성

- 나는 다른 사람들보다 훨씬 더 신중한 사람이다. ·········· [　　] 점
- 나는 말하기 전에 항상 심사숙고한다. ·············· [　　] 점

열정

- 나는 에너지가 많은 편이다. ·················· [　　] 점
- 사람들은 내가 열정적인 사람이라고 말한다. ·········· [　　] 점

〈채점 예시〉

윤리의식

나는 매우 도덕적인 사람이다. (8점)

나는 규칙을 잘 지키는 편이다. (7점)

합계: 15점

성격강점검사의 채점을 위해서는 먼저, 예시에 나와있는 것처럼 해당 성격강점의 두 문항 점수를 더해서 합계 점수를 계산한다. 그 후 24개의 성격강점 점수 중 가장 높은 점수를 나타낸 상위 성격강점을 3~5개 선택한다. 합계 점수들에서 동점이 나올 수 있기 때문에 사람들마다 상위 성격강점의 개수는 다를 수 있다. 다시 말해, 어떤 사람은 사랑, 통찰, 영성의 세 가지가 상위 성격강점이 될 수 있고, 또 다른 이는 겸손, 인내, 열정, 신중성, 팀워크의 다섯 가지가 상위 성격강점이 될 수 있다. 성격강점검사 결과를 활용하는 방법은 9강에 제시되어있다.

주석

들어가는 글

1 요한 볼프강 폰 괴테 (2015). 괴테 시집. 서울: 문예출판사, p. 101.

2 김우창 외 (2010). 국가의 품격. 파주시: 한길사, p. 17.

3 하워드 가드너 (2013). 진선미: 되살려야 할 인간의 가치(김한영 역). 고양시: 북스넛.

4 시어도어 젤딘 (2016). 인생의 발견(문희경 역). 서울: 어크로스. p. 416.

5 Wilde O. (2013). Oscar Wilde's the duchess of Padua: "Some cause happiness wherever they go; others whenever they go." A Word To The Wise (Kindle edition by Amazon Digital Services LLC).

6 Vaillant, G. E. (1995). Adaptation to Life. Cambridge, MA: Harvard University Press. p. 11.

7 Shakespeare, W. (1596−1599). Henry IV. Part II, Act 3, Scene 1.

8 신영복 (2007). 처음처럼. 서울: 랜덤하우스. p. 21.

9 쟝샤오헝, 한쿤 (2013). 인생의 품격(김락준 역). 서울: 글담출판사. p. 29.

10 Dickens, C. (2003). A tale of two cities (Edited and with an introduction and notes by Richard Maxwell). London: Penguin Classics. ch 1.

11 멘탈 휘트니스 긍정심리 프로그램은 기존의 긍정심리치료 프로그램이 주로 우울증과 같은 특정 장애에 초점을 두는 것과는 달리, 조현병 환자를 포함

해 군 장병 등 다양한 집단을 대상으로 활용할 수 있도록 설계된 긍정심리 프로그램이다. 이러한 멘탈 휘트니스 긍정심리 프로그램의 효과는 다양한 연구들을 통해 확인됐다. 김근향(2011)은 멘탈 휘트니스 프로그램이 폐쇄병동에 입원한 정신과 환자들의 문제 증상을 경감시키는 동시에 삶의 질을 높인다고 보고했다. 또 이정애(2012)는 멘탈 휘트니스 프로그램이 노인들의 우울 증상을 감소시키고 긍정적 사고와 삶의 질을 높이는 데 기여한다고 보고했다. 그리고 박찬빈과 고영건(2014)은 멘탈 휘트니스 프로그램이 방어기제의 측면에서 성숙한 집단, 신경증적 집단 및 미성숙한 집단 모두에게서 주관적 안녕감과 낙관성을 증진시켜 준다고 보고했다. 또 김민순 등(2017)은 멘탈 휘트니스 프로그램이 장병들의 군 생활 적응기능을 향상시켜주고 군 생활 스트레스도 줄여준다고 보고했다. 마지막으로 고영건 등(2018)이 한 고등학교의 1학년 전체 학생 292명을 대상으로 멘탈 휘트니스 프로그램을 진행한 결과, 관심군 중 일반관리 유형의 비율과 학교폭력 피해 응답 비율이 감소하는 것으로 나타났다.

- 김근향 (2011). 정신과 입원환자의 적응기능 향상을 위한 긍정심리치료 프로그램의 효과. 고려대학교 대학원 박사학위 논문.
- 이정애 (2012). 우울한 노인들을 대상으로 한 집단 긍정심리치료 프로그램의 효과. 고려대학교 대학원 박사학위 논문.
- 박찬빈, 고영건 (2014). 대학생의 방어기제 유형에 따른 멘탈 휘트니스 긍정심리상담 및 치료 프로그램의 효과. 한국심리학회지: 건강, 19(3), 673-693.
- 김민순, 김현진, 고영건 (2017). 군 생활 적응 증진을 위한 멘탈 휘트니스 긍정심리 프로그램의 효과. 한국심리학회지: 산업 및 조직, 30(2), 275-298.
- 고영건, 이은경, 김현정, 김진영 (2018). 멘탈 휘트니스 긍정심리 프로그

램이 고등학생의 정서행동 특성 및 학교폭력에 미치는 효과. 청소년학연
구, 25(1), 237-256.

12 조지 베일런트 (2013). 행복의 지도: 하버드 성인발달연구가 주는 선물(김진
영, 고영건 공역). 서울: 학지사. pp. 483-495.

13 Robert Waldinger's TED talk: What makes a good life? Lessons from
the longest study on happiness. November 2015. TEDxBeaconStreet.

14 조지 베일런트 (2013). 행복의 지도: 하버드 성인발달연구가 주는 선물(김진
영, 고영건 공역). 서울: 학지사.

15 그룹 god가 1999년에 발표한 〈Chapter 1〉의 타이틀곡, 어머님께

1강

1 단테 알리기에리 (2009). 신곡: 지옥(김운찬 역). 서울: 열린책들. 지옥편, 제
3곡.

2 이현영, 장기혁, 신아현 (2015). 책상을 떠난 철학 1권. 파주: 들녘. p 234.

3 이대열 (2017). 지능의 탄생. 서울: 바다출판사.

4 그레고어 아이젠하우어 (2015). 내 인생의 결산보고서: 인생에서 가장 중요
한 질문, 가장 짧은 대답(배명자 역). 서울: 책세상. p. 42.

5 데이비드 이글먼 (2011). 인코그니토: 나라고 말하는 나는 누구인가(김소희
역). 서울: 샘앤파커스. p. 77.

6 Barry, J. (1993). Technobabble. Boston: The MIT Press.

7 아담 맥케이 (2015). 빅쇼트. 헐리우드: 파라마운트 픽처스.

8 존 머스커, 론 클레멘츠 (1992). 알라딘. 버뱅크, CA: 월트디즈니 픽처스.

2강

1 Wilde, O. (1892). Lady Windermere's Fan. Third Act.

2 크리스토퍼 차브리스, 대니얼 사이먼스 (2011). 보이지 않는 고릴라(김명철 역). 파주시: 김영사. p. 8.

3 미셸 피크말 (2007). 박수치는 인생(홍은주 역). 서울: 이젠. pp. 191-193.

4 Kahneman, D., & Deaton, A. (2010). High income improves evaluation of life but not emotional well-being. Proceedings of the National Academy of Sciences, 107(38), 16489-16493.

5 The World Bank (2017). GNI per capita, Atlas method (current US$). http://www.worldbank.org

6 Jebb, A. T., Tay, L., Diener, E., & Oishi, S. (2018). Happiness, income satiation and turning points around the world. Nature Human Behaviour, 2, 33-38.

7 서은국 (2014). 행복의 기원: 인간의 행복은 어디에서 오는가. 파주: 21세기북스.

8 브라이언 크리스천, 톰 그리피스 (2018). 알고리즘, 인생을 계산하다(이한음 역). 서울: 청림출판. p. 289.

9 존 브룩만 (2015). 생각의 해부(대니얼 카너먼 외, 강주헌 역) 중 머리말. 서울: 미래엔. p. 11.

10 연합뉴스 (2013년 1월 3일자). 메트라이프생명 "성인 새해 1위 목표는 다이어트"

11 Melissa, D. (28 November 2012). "$550 million will buy you a lot of … misery". NBC News. nbcnews.com. 고영건 (2015년 4월 24일자). 21세기 人文學 리포트: 복권 당첨된 두 사람의 인생극장. 매일경제.

12 Brickman, P., Coates, D., & Janoff-Bulman, R. (1978). Lottery winners and accident victims: Is happiness relative? Journal of Personality and Social Psychology, 36(8), 917-927.

13 Engell, J., & Dangerfield A. (2005). Saving higher education in the age of money. Charlottesville: University of Virginia Press. p. 157.

14 Diener, E., Horwitz, J., & Emmons, R. A. (1985). Happiness of the very wealthy. Social Indicators Research, 16, 263–274.

15 Myers, D. G. (2010). Social Psychology (10th ed.). New York: McGraw–Hill Companies. p. 64.

16 크리스토퍼 차브리스, 대니얼 사이먼스 (2011). 보이지 않는 고릴라(김명철 역). 파주시: 김영사. pp. 128–130.

17 크리스토퍼 차브리스, 대니얼 사이먼스 (2011). 보이지 않는 고릴라(김명철 역). 파주시: 김영사. p. 5.

18 Epley, N. (2014). Mindwise: Why we misunderstand what others think, believe, feel, and want. New York: Knopf. preface.

19 Epley, N. (2014). Mindwise: Why we misunderstand what others think, believe, feel, and want. New York: Knopf. preface.

20 크리스토퍼 차브리스, 대니얼 사이먼스 (2011). 보이지 않는 고릴라(김명철 역). 파주시: 김영사. p. 187.

21 Peterson, C. (2006). A primer in positive psychology. New York: Oxford University Press.

3강

1 마틴 셀리그만 (2008). 학습된 낙관주의: 마틴 셀리그만의 긍정심리학 (최호영 역). 파주: 21세기북스. p. 178.

2 Ellis, H. (1923). The dance of life. Cambridge: Praeger. ch 2.

3 마틴 셀리그만 (2008). 학습된 낙관주의: 마틴 셀리그만의 긍정심리학 (최호영 역). 파주: 21세기북스.

4   tvN (2010, 4월 25일). 공부의 비법(3부). 최진기. 백인덕 편.

5   Elaine Stritch wins Emmy. https://www.youtube.com/watch?v=
     fu1qyKbmpvg

6   Levant, O. (2005). Memorable quotations: Jewish writers of the past (edited
     by Carol A. Dingle). http://www.memorablequotations.com/levant.htm

7   Christian, B., & Griffiths, T. (2010). Algorithms to live by: The computer
     science of human decisions. Picador: New York: Picador.

8   KBS (2015년 2월 16일). 인순이의 토크 드라마 그대가 꽃. 오마이, 나의 오
     마이.

9   Nietzsche, F. W. (2016). The project Gutenberg ebook of the twilight of
     the idols: Antichrist (trans. A. M. Ludovici). p. 2. https://www.gutenberg.
     org/files/52263/52263-h/52263-h.htm

10   KBS (2016년 1월 22일). 나를 돌아봐.

11   Wales N., & Kim, S. (1941). Song of Ariran: a Korean communist in
     the Chinese revolution. San Francisco: Ramparts Press. p. 315.

4강

1   Yoo, J. (2017). Illness as Teacher: Learning from Illness. Australian
     Journal of Teacher Education, 42(1), 54-68. p. 54. http://dx.doi.org/10.
     14221/ajte.2017v42n1.4

2   김호중 (2009). 겨울철 감기의 감별 진단 및 처방례. 대한내과학회지, 76(1),
     30-32.

3   Dolin, R. (2005). Common viral respiratory infections and severe acute
     respiratory syndrome (SARS). In Kasper, D.L., Fauci, A. S., Longo, D.
     L., Braunwald, E., Hauser, S. L., & Jameson, J. L. Harrison's principles

of internal medicine (16th ed.; pp. 1059-1060), New York: McGraw Hill.

4   Johnston, S., & Holgate, S. (1996). Epidemiology of viral respiratory infection. In Myint, S., Taylor-Robinson, D. (Eds.). Viral and other infections of the human respiratory tract (pp. 1-28). London: Chapman and Hall.

5   헬스조선(2013년 11월 28일). 한국인, 감기는 연평균 3회, 코감기가 가장 많아.

6   Cohen, S., Doyle, W. J., Turner, R. B., Alper, C, M., & Skoner, D. P. (2003). Emotional style and susceptibility to the common cold. Psychosomatic Medicine, 65, 652-657.

7   Cohen, S., Alper, C. M., Doyle, W. J., Treanor, J. J., & Turner, R. B. (2006). Positive emotional style predicts resistance to illness after experimental exposure to rhinovirus or influenza a virus. Psychosomatic Medicine, 68, 809-815.

8   Treanor, J. J., & Hayden, F. G. (2005). Viral infections. In Mason, R. J., Broaddus, V. C., Murray, J.F., & Nadel, J. A. Textbook of respiratory medicine (4th ed.; pp. 870-872), Philadelphia: Elsevier.

9   Doyle, W. J., Gentile, D.A., & Cohen, S. (2006). Emotional style, nasal cytokines, and illness expression after experimental rhinovirus exposure. Brain, Behavior, and Immunity, 20, 175-181.

10   과학동아 (1997년 12호). 만병의 근원 감기.

11   연합뉴스 (2017년 11월 14일). "국민 절반 '감기치료에 항생제 도움' 오해… 오남용 심각"

12   장용주 (2003). Rhinovirus에 의한 감기의 병태생리와 치료. Korean

Journal of otolaryngology, 46, 93-99.

13 하임 사피라 (2013). 행복이란 무엇인가(정지현 역). 파주시: 21세기북스. p. 27.

14 KBS (1999). 술·담배·스트레스에 관한 첨단보고서: 제5편 만병의 근원-스트레스.

15 Holmer, H. K., Rodman, J. E., Helmreich, D. L., & Parfitt, D. B. (2003). Differential effects of chronic escapable versus inescapable stress on male syrian hamster (Mesocricetus auratus) reproductive behavior. Hormones and Behavior, 43, 381-p387.

16 Aldwin, C. M., Jeong, Y., Igarashi, H., Choun, S., & Spiro, A. (2014). Do hassles mediate between life events and mortality in older men?: Longitudinal findings from the VA Normative Aging Study. Experimental Gerontology, 59, 74-80.

17 Hazel, N. A., & Hankin, B. L. (2014). A trait-state-error model of adult hassles over two years: Magnitude, sources, and predictors of stress continuity. Journal of Social and Clinical Psychology, 33, 103-123.

18 Keller, A., Litzelman, K., Wisk, L. E., Maddox, T., Cheng, E. R., Creswell, P. D., & Witt, W. P. (2012). Does the perception that stress affects health matter? The association with health and mortality. Health Psychology, 31, 677-684.

19 Brannon, L, Feist, J., & Updegraff, J. A. (2014). Health psychology: An introduction to behavior and health (8th ed). Belmont, CA: Wadsworth. ch 5.

20 박성희, 조윤수, 곽미정, 이희선, 강창범 (2013). 근치적 전립선적출술 후 요

실금에 대한 케겔운동의 효과: 무작위 대조군 실험연구의 체계적 문헌고찰. 성인간호학회지, 25(2), 219-230.

5강

1 Lykken, D., & Tellegen, A. (1996). Happiness is a stochastic phenomenon. Psychological Science, 7(3), 186-189.

2 Lykken, D., & Tellegen, A. (1996). Happiness is a stochastic phenomenon. Psychological Science, 7(3), p. 189.

3 Wahlsten, D. (2000). Behavioral genetics. In A.E. Kazdin (ed), Encyclopedia of Psychology, Vol 1 (pp. 378-385). Washington, DC: American Psychological Association.

4 Lykken, D. (2000). Happiness: The nature and nurture of joy and contentment. New York: St. Martin's Press, Inc.

5 마크 브롬버그 (2010). 본능(신순호 역). 서울: 루덴스. pp. 70-71.

6 마크 브롬버그 (2010). 본능(신순호 역). 서울: 루덴스. pp. 74-75.

7 마크 브롬버그 (2010). 본능(신순호 역). 서울: 루덴스. p. 73.

8 Helliwell, J., Layard, R., & Sachs, J. (2018). World Happiness Report 2018. New York: Sustainable Development Solutions Network.

9 Vaillant, G. E. (2012). Triumphs of experience: The men of the Harvard Grant Study. Cambridge, MA: Belknap Press of Harvard University Press.

10 고영건 (2018). 플로리시: 삶을 밝히는 마음의 빛. 서울: 학지사. pp. 24-26.

11 Vaillant, G. E. (2012). Triumphs of experience: The men of the Harvard Grant Study. Cambridge, MA: Belknap Press of Harvard

University Press. p. 52.

12 Virgil (B.C. 37). The Eclogues. ch. X.

13 SBS (2012년 3월 12일) 힐링캠프 34회.

14 Vaillant, G. E. (2017). Heaven in my mind: Using the Harvard Grant Study of Adult Development to explore the value of the prospection of life after death. New York: Nova Science Publishers, Inc. p. 104.

15 Saint-Exupéry, A. (2010). The little prince (Trans. Howard, R.). Orlando: Mariner Books. p. 61.

16 Independent (Wednesday 18 October 2017). Dying chimpanzee recognises old human friend before smiling and embracing him.

17 Dalai Lama (2002). Understanding our fundamental nature. In R. J. Davidson & A. Harrington (eds), Visions of Compassion, pp. 66−80.

18 Hugo, V. (1862). Les miserables (I. F. Hapgood trans.) Chapter IV. M. Madeleine in mourning.

19 Vaillant, G. E. (2008). Spiritual evolution: A scientific defense of faith. New York, NY, US: Broadway Books. p. 99.

20 Vaillant, G. E. (2008). Spiritual evolution: A scientific defense of faith. New York, NY, US: Broadway Books. p. xi.

21 Keltner, D. (2009). Born to be good: The science of a meaningful life. NY: WW Norton & Co.

22 Kok, B. E., & Fredrickson, B. L. (2010). Upward spirals of the heart: Autonomic flexibility, as indexed by vagal tone, reciprocally and prospectively predicts positive emotions and social connectedness. Biological Psychology, 85(3), 432−436.

23 Kok, B. E. et al. (2013). How positive emotions build physical health:

perceived positive social connections account for the upward spiral between positive emotions and vagal tone. Psychological Science, 24(7), 1123–32.

24 Breit, S., Kupferberg, A., Rogler, G., & Hasler, G. (2018). Vagus nerve as modulator of the brain-gut axis in psychiatric and inflammatory disorders. Frontiers in Psychiatry, 9: 44.

25 조지 베일런트 (2013). 행복의 지도: 하버드 성인발달연구가 주는 선물(김진영, 고영건 공역). 서울: 학지사. pp. 471–472.

26 고영건, 김진영 (2012). 멘탈휘트니스 긍정심리 프로그램. 서울: 학지사. pp. 195–196.

27 Tolstoy, L. (1904). Childhood, Boyhood, Youth. New York: Scribner. p. 109.

28 Ainsworth, M. (1979). Infant-mother attachment. American Psychologist, 34, 932–937.

29 Bowlby, J. (1969/1982). Attachment and loss: Attachment. New York: Basic Books.

30 Crowell, J. A., & Treboux, D. (1995). A review of adult attachment measures: Implications for theory and research. Social Development, 4(3), 294–327.

31 미치 엘봄 (1998). 모리와 함께한 화요일(공경희 역). 파주: 살림. p. 222.

32 Walt, W. (1867). When lilacs last in the dooryard bloom'd.

33 고린도전서 13장.

34 케빈 홀 (2013). 겐샤이: 가슴 뛰는 삶을 위한 단어 수업 (민주하 역). 서울: 연금술사. p. 149.

35 Vaillant, G. E. (2008). Spiritual evolution: A scientific defense of faith.

New York, NY, US: Broadway Books. p. 101.

36 Quinton, D., Rutter, M., & Liddle, C. (1984). Institutional rearing, parenting difficulties and marital support. Psychological Medicine, 14(1), 107−124.

6강

1 SERICEO 콘텐츠팀 (2011). 삼매경. 서울: 삼성경제연구소. pp. 208−209.

2 Camus, A. (1991). The myth of Sisyphus and other essays (Trans. J. O' Brien). New York: Vintage books. p. 3.

3 알베르 카뮈 (2010). 알베르 카뮈 전집: 작가수첩Ⅰ·시지프 신화·이방인 (김화영 역). 서울: 책세상. p. 143.

4 윌리엄 이안 밀러 (2013). 잃어가는 것들에 대하여(신예용 역). 서울: 레디셋고. p. 83.

5 존 메설리 (2016). 인생의 모든 의미(전대호 역). 서울: 필로소피. p. 13.

6 Vaillant, G. E. (2017). Heaven on my mind: Using the Harvard Grant study of adult development to explore the value of the prospection of life after death. New York: Nova Science Publishers.

7 Vaillant, G. E. (2017). Heaven on my mind: Using the Harvard Grant study of adult development to explore the value of the prospection of life after death. New York: Nova Science Publishers.

8 SBS (2009년 6월 25일). 순간포착 세상에 이런 일이. 제547회.

9 Erikson, E. (1964). Insight and responsibility. New York: Norton.

10 Vaillant, G. E. (2008). Spiritual evolution: A scientific defense of faith. New York, NY, US: Broadway Books. p. 103.

11 신영복 (2015). 담론: 신영복의 마지막 강의. 파주: 돌베개. p. 420.

12 로버트 새폴스키 (2008). 스트레스: 당신을 병들게 하는 스트레스의 모든 것 (이재담 외 역). 서울: 사이언스북스. p. 575.

13 Vaillant, G. E. (2008). Spiritual evolution: A scientific defense of faith. New York, NY, US: Broadway Books. p. 102.

14 Vaillant, G. E. (2008). Spiritual evolution: A scientific defense of faith. New York, NY, US: Broadway Books. p. 104.

15 Visintainer, M. A., Volpicelli, J. R., & Seligman, M. E. P. (1982). Tumor rejection in rats after inescapable and escapable shock. Science, 216, 437–439.

16 Vaillant, G. E. (2008). Spiritual evolution: A scientific defense of faith. New York, NY, US: Broadway Books. p. 108.

17 Evans, B. (1977). You must believe in spring.

18 Dyer, F. L., & Martin, T. C. (1910). Edison: His life and inventions. New York: Harper & Brothers. pp. 615–616.

19 Beck, A. T., Rush, A. J., Shaw., B. F., & Emery, G. (1987). Cognitive therapy of depression. New York: Guilford Press.

20 Seligman, M. E. P. (2016). Prospection gone awry: depression. In Seligman, M. E. P., Railton, P., Baumeister, R. F., & Sripada, C. (Eds.) Homo Prospectus (pp. 281–304). Oxford: Oxford University Press.

21 Berridge, K.C., & Kringelbach, M. L. (2008). Affective neuroscience of pleasure: reward in humans and animals. Psychopharmacology, 199, 457–480.

22 Berridge, K. C., & Robinson, T. E. (2003). Parsing reward. Trends in Neurosciences, 26, 507–513.

23 Griffith, E. (2004). Matters of substance. London: Penguin Books. p.

138.

24 Berridge, K. C., & Valenstein, E. S. (1991). What psychological process mediates feeding evoked by electrical stimulation of the lateral hypothalamus? Behavioral Neuroscience, 105, 3–14.

25 Bamford, N. S., et al. (2008). Repeated exposure to methamphetamine causes long–lasting presynaptic corticostriatal depression that is renormalized with drug readministration. Neuron 58(1), 89–103.

26 Vaillant, G. E. (2008). Spiritual evolution: A scientific defense of faith. New York, NY, US: Broadway Books. p. 125.

27 Vaillant, G. E. (2008). Spiritual evolution: A scientific defense of faith. New York, NY, US: Broadway Books. p. 112.

28 Vaillant, G. E. (2008). Spiritual evolution: A scientific defense of faith. New York, NY, US: Broadway Books. p. 133.

29 벤 셔우드(2011). 그들은 어떻게 살아남았을까?(강대은 역). 서울: 민음사. p. 65.

30 Steve Jobs' Commencement speech at Stanford University, 2005.

7강

1 Vaillant, G. E. (2012). Triumphs of experience: The men of the Harvard Grant Study. Cambridge, MA: Belknap Press of Harvard University Press. p. 191.

2 Vaillant, G. E. (2012). Triumphs of experience: The men of the Harvard Grant Study. Cambridge, MA: Belknap Press of Harvard University Press. p. 208.

3 SBS (2014년 9월 23일). 힐링캠프, 기쁘지 아니한가. 151회.

4 랄프 왈도 에머슨 (2009). 스스로 행복한 사람: 랄프 왈도 에머슨 잠언집(박윤정 편역). 서울: 끌레마. p. 83.

5 MBC (2016년 4월 6일). 황금어장: 라디오스타. 473회.

6 JTBC (2015년 5월 22일). 속사정 쌀롱. 17회.

7 KBS 2TV (2011년 10월 13일). 해피투게더3.

8 마틴 셀리그만 (2011). 마틴 셀리그만의 플로리시(우문식, 윤상운 역). 서울: 물푸레. pp. 253-256.

9 캐롤 드웩 (2011) 성공의 새로운 심리학(정명진 역). 서울: 부글북스. pp. 125-131.

10 tvN (2016년 4월 21일). 배우학교. 12화.

11 매일경제 (2013년 12월 10일자). 장수원 발연기 논란 언급 "믿고 캐스팅해 줬는데 죄송하다"

12 TED (2009). The difference between winning and succeeding: John Wooden. https://www.youtube.com/watch?v=0MM-psvqiG8&t=44s&app=desktop

13 앤드루 쥬커먼 (2010). 위즈덤(이경희 역). 서울: 샘터. p. 120.

14 유발 하라리 (2017). 호모데우스: 미래의 역사(김명주 역). 파주: 김영사. p. 128.

15 Vaillant, G. E. (2012). Triumphs of experience: The men of the Harvard Grant Study. Cambridge, MA: Belknap Press of Harvard University Press. pp. 221-223.

16 Heine, H. (1835). Thoughts and Ideas. In Freud, S. (1927-1931). The standard edition of the complete psychological works of Sigmund Freud (Vol. 21). London: The Hogarth Press. pp. 109-110.

17 SBS (2013년 7월 25일). 너의 목소리가 들려. 16회.

18 Vaillant, G. E. (2008). Spiritual evolution: A scientific defense of faith. New York, NY, US: Broadway Books. pp. 135−150.

8강

1 Kohut, H. (2012). The restoration of the self. Chicago: The University of Chicago Press. p. 85.

2 tvN (2014년 1월 12일). 꽃보나 누나. 7회.

3 신영복 (2015). 담론: 신영복의 마지막 강의. 파주: 돌베개. p. 19.

4 조제프 앙투안 투생 디누아르 (2016). 침묵의 기술(성귀수 역). 파주: 아르테.

5 Lewis, C. S. (2016). The screwtape letters: Letters from a senior to a junior devil. Cambridge: Samizdat University Press. p. 24.

6 존 가트맨과 낸 실버 (2002). 행복한 부부 이혼하는 부부(임주현 역). 서울: 문학사상사. pp. 50−61.

7 The Irish Times (Jan. 28, 2016). When life gives you lemons… delicious aphorisms and their interesting origins.

8 Gordon, T., & Edwards, W. S. (1995). Making the patient your partner: Communication skills for doctors and other caregivers. Westport, CT: Auburn House.

9 중앙시사매거진 이코노미스트 (2014. 1. 20). 인류의 사전에 불가능은 없다: 인류의 역사 바꾼 기술 · 발명품. 1221호.

10 중앙시사매거진 이코노미스트 (2014. 1. 20). 인류의 사전에 불가능은 없다: 인류의 역사 바꾼 기술 · 발명품. 1221호.

11 한국고용정보원 (2015). KNOW를 활용한 감정노동 직업 특성 분석 및 정책적 시사점. 고용동향브리프 2015년 10월호.

12 중앙일보 (2019년 1월 17일자). 감정노동이 뭐죠? ··· 콜센터 전화 없앴더니 이직율 0%.

13 매일경제 (2016년 3월 11일자). Human in Biz: 전화로 행복한 사람 vs 불행한 사람 (필자: 고영건).

14 SBS (2006년 4월 17일). 야심만만: 만 명에게 물었습니다. 159회. KBS (2006년 4월 25일). 상상 플러스. 75회. MBC 라디오 (2006년 6월 24일). 2시의 데이트.

15 아비샤이 마갈릿 (2017). 인간은 왜 믿음을 저버리는가: 배신(황미영 역). 서울: 을유문화사. pp. 104-105.

16 https://www.shutterfly.com/ideas/gratitude-quotes/50 Inspiring Gratitude Quotes (Amy Collette).

17 Cicero, pro Plancio. 80. http://perseus.uchicago.edu/perseus-cgi/citequery3.pl?dbname=LatinAugust2012&getid=1&query=Cic.%20Planc.%2080#80

18 Peterson, C. (2006). A primer in positive psychology. New York: Oxford University Press. pp. 32-33.

19 MBC (2013년 5월 11일). 우리 결혼했어요 (시즌4). 조정치-정인의 삼청동 데이트 에피소드.

9강

1 Vaillant, G. E. (2008). Spiritual evolution: A scientific defense of faith. New York, NY, US: Broadway Books. p. 130.

2 Emerson, R. W. (1984). Emerson in His Journals. Cambridge: Harvard University Press. p. 138.

3 Lingard, R. (1670). A letter of advice to a young gentleman leaveing the university concerning his behaviour and conversation in the

world. Dublin: Benjamin Tooke. pp. 50-51.

4 Vaillant, G. E. (2008). Spiritual evolution: A scientific defense of faith. New York, NY, US: Broadway Books. p. 128.

5 Vaillant, G. E. (2008). Spiritual evolution: A scientific defense of faith. New York, NY, US: Broadway Books. p. 129.

6 Vaillant, G. E. (2008). Spiritual evolution: A scientific defense of faith. New York, NY, US: Broadway Books. p. 129.

7 Peterson, C. (2006). A primer in positive psychology. New York: Oxford University Press.

8 에이미 커디 (2016). 프레즌스(이경식 역). 서울: 알에이치코리아. p. 413.

9 Peterson, C., & Seligman, M. E. P. (2004). Character strengths and virtues: A handbook and classification. New York: Oxford University Press/Washington, DC: American Psychological Association.

10 마틴 셀리그만 (2011). 마틴 셀리그만의 플로리시(우문식, 윤상운 역). 서울: 물푸레. pp. 71-73.

11 마틴 셀리그만 (2011). 마틴 셀리그만의 플로리시(우문식, 윤상운 역). 서울: 물푸레.

12 Maddux, J. E., Snyder, C. R. & Lopez, S. J. (2004). Toward a positive clinical psychology: Deconstructing the illness ideology and constructing an ideology of human strengths and potential. In P.A. Linley & S. Joseph (Eds.), Positive psychology in practice (pp.320-334). Hoboken, NJ: Wiley. p. 332.

13 Los Angeles Times (June 20, 2009). She finally has a home: Harvard.

14 Williams, K. (2009). Khadijah's College Essay. http://www.oprah.com/world/khadijahs-inspiring-college-essay

15 KBS 2TV (2012년 7월 24일). 김승우의 승승장구. 124회.

16 로버트 짐러 (2009). 엽기이솝우화(이종길 역). 서울: 토파즈. p. 7.

17 Miller, W. I. (2014). Losing It: In which an aging professor laments his shrinking brain. New Haven: Yale University Press. p. 197.

18 Twain, M. (1929). The writings of Mark Twain. New York: Haarper Brothers. p. 101.

19 Freud, S. (1990). Jokes and their relation to the unconscious. SE 8. New York: W. W. Norton & Companyp.

20 고영건 (2015). 삶에 단비가 필요하다면: 인디언기우제 이야기. 서울: 박영사. pp. 271-287.

21 KBS 2TV (2006년 8월 1일). 상상더하기: 세대공감 OLD & NEW. 89회.

22 Meltzer, B. (2019). In Seeds of happiness: 1001 mind-expanding & heartwarming quotes on happiness (by Waleed Abutabikh). #330.

23 Vaillant, G. E. (2008). Spiritual evolution: A scientific defense of faith. New York, NY, US: Broadway Books. p. 153.

24 Moll, J. (2006). Human fronto-mesolimbic networks guide decisions about charitable donation. PNAS, 103(42), 15623-15628.

25 Punch (1856). Punch's pocket-book of fun: Being cuts and cuttings from the wit and wisdom of twenty-five volumes of Punch. New York: D. Aplleton & Company. p. 68.

26 탈무드(2017) 더클래식. pp. 89-91.

27 Teresa, M. No greater love. Novato, CA: New World Library. p. 29.

28 Teresa, M. (1996). The joy in loving. New York: Penguin Compass. November 6.

마무리하는 글

1   Einstein, A. (2013). The human side: Glimpses from his archives. New Jersey: Princeton University Press. p. 70.

2   김옥림 (2013). 마음에 새기는 명품 명언. 서울: 미래북. p. 58.

3   Gibran, K. (2017). The Collected Works of Kahlil Gibran: 21 Books in One Edition. Adobe ePub. Inspirational quotes.

4   오스카 와일드 (2015). 심연으로부터: 감히 그 이름을 말할 수 없는 사랑을 위해(박명숙 역). 파주: 문학동네. pp. 188-189.

5   Ekman, P., Davidson, R. J., & Friesen, W. V. (1990). The Duchenne smile: Emotional expression and brain psysiology II. Journal of Personality and Social Psychology, 58(2), 342-353.

6   Buffett Live (May 2, 2013). Watch Fortune's Q&A with Warren Buffett.

7   Marcus, S. (2000). Stanley Marcus from A to Z: Viewpoints volume II. Denton, TX: University of North Texas Press. p. 63.

8   Fletcher, J. (1647). Bonduca. Act 3, Scene 1.

이 도서는 한국출판문화산업진흥원 '2019년 우수출판콘텐츠 제작 지원' 사업 선정작입니다.

인생의 좋은 답을 찾아가는 아홉 번의 심리학 강의

행복의 품격

제1판 1쇄 발행 | 2019년 6월 21일
제1판 6쇄 발행 | 2023년 9월 19일

지은이 | 고영건 · 김진영
펴낸이 | 김수언
펴낸곳 | 한국경제신문 한경BP
책임편집 | 최경민
저작권 | 백상아
홍보 | 서은실 · 이여진 · 박도현
마케팅 | 김규형 · 정우연
디자인 | 권석중
본문디자인 | 디자인 현

주소 | 서울특별시 중구 청파로 463
기획출판팀 | 02-3604-590, 584
영업마케팅팀 | 02-3604-595, 562   FAX | 02-3604-599
H | http://bp.hankyung.com   E | bp@hankyung.com
F | www.facebook.com/hankyungbp
등록 | 제 2-315(1967. 5. 15)

ISBN 978-89-475-4486-3   03180